기도의 강자

E. M. 바운즈 기도 클래식(E. M. Bounds Prayer Classics)

주님은 교회가 '기도하는 집'이라고 말씀하셨다 막 11:17. 그렇다면 교인들은 '기도하는 사람들'이다. 그러나 요즘의 교회는 기도하는 집이 아니라 '공연公演하는 곳'이 되었고, 교인들은 기도하는 사람들이 아니라 관중이 되었다. 우리의 심령과 교회에 성령님이 계시지 않는데도 거짓된 평안에 안주하여 부르짖지 않는다. 오늘 우리 심령의 문, 교회의 문을 열면 마치 냉동고의 문을 열 때와 같은 싸늘한 냉기가 느껴지지 않는가? 이제 우리의 현실을 직시하고 우리의 차가운 심령과 교회에 기도의 불을 지펴 성령의 용광로가 펄펄 끓는 곳이 되게 하자! 이에 규장은 역사적으로 그 능력이 검증된 기도의 화부火夫, 기도의 선지자 'E. M. 바운즈 기도 클래식 시리즈'를 발행하여 한국의 모든 그리스도인의 심장에 기도의 불을 붙이려 한다. 기도의 화염방사기 바운즈가 당신의 심장을 하늘 불로 타오르는 심장으로 만들어줄 것이다.

Originally published in English under the title of

THE COMPLETE WORKS OF E. M. BOUNDS ON PRAYER

Book Eight: Prayer and Praying Men

Copyright ⓒ 1990 by Baker Books

Published by Baker Books,
a division of Baker Publishing Group,
Grand Rapids, Michigan, 49516, U.S.A.

All rights reserved.

Korean Translation Copyright ⓒ 2013 by Kyujang Publishing Company

본 저작물의 한국어판 저작권은 저작권자와 독점 계약한 규장이 소유합니다.
신 저작권법에 의하여 한국 내에서 보호받는 저작물이므로 무단 전재와 무단 복제를 금합니다.

기도의 강자

E. M. 바운즈 지음
이용복 옮김

규장

Pompeo Girolamo Batoni(1708-1787), 〈St. Paul〉

강력한 기도는 불같이 뜨거운 소원에서 나오는 기도이다.
그러나 우리의 영적 갈망은 기도의 씨름에서 이길 만큼 강하지 못하다.
우리의 영적 갈망이 우리를 온전히 사로잡지 못하기 때문에
우리는 돈벌이에 급급하고, 세상의 재미를 추구하고, 게으름을 피운다.
골방으로 들어가서 오직 하나님 앞에서 기도의 씨름을 하여
온갖 대적을 제압하고 지옥의 세력을 이기려면 영적 갈망으로 충만해야 한다.
우리는 기도의 복과 유익과 한없는 능력을 보여줄 '기도의 강자'가 되어야 한다.

chapter 01   하나님의 사람이 드리는 기도는
　　　　　　승리의 전주곡이다 _08

chapter 02   어떤 상황에서도 하나님이 일하시는
　　　　　　기도의 강자가 되라 _20

chapter 03   하나님의 언약을 굳게 붙들고
　　　　　　기도하고 또 기도하라 _34

chapter 04   중보기도를 통해 하나님의
　　　　　　자비의 수로가 흐르게 하라 _40

chapter 05   기적을 일으킨 엘리야의
　　　　　　기도의 능력을 회복하라 _54

chapter 06   간절함으로 부르짖는 기도만큼
　　　　　　강력한 힘은 없다 _72

chapter 07   회개기도가 일어날 때
　　　　　　진정한 영적 부흥이 온다 _92

chapter 08   뜨거운 눈물과 기도로
　　　　　　하나님나라를 세우라 _100

chapter 09 **기도로 세상과 구별된
하나님의 사람을 키워라** _112

chapter 10 **하나님께 드리는 기도에
타협은 없다** _126

chapter 11 **세상도 하늘의 능력을 구하는
기도의 강자를 바란다** _138

chapter 12 **기도는 사명을 이루는
가장 강력한 하늘 무기이다** _152

chapter 13 **기도의 강력을 구할 때
하나님의 일은 이루어진다** _174

chapter 14 **세상이 감당할 수 없는
놀라운 일을 기도가 한다** _190

chapter 15 **영적 승리를 위해
기도의 용사들과 함께 싸우라** _208

chapter 16 **주의 영광을 위해 달려 나가는
기도의 강자가 되라** _222

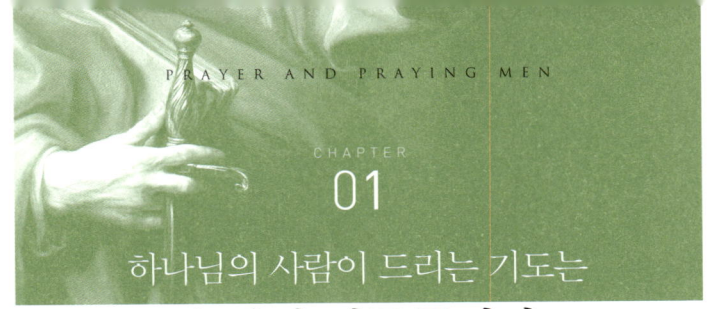

하나님의 사람이 드리는 기도는
승리의 전주곡이다

태양아 머무르라

구약의 역사(歷史)는 기도하는 성도들의 이야기로 가득 차 있다. 이스라엘의 역사 초기에 이스라엘을 이끌었던 지도자들은 그들의 기도 습관으로 주목받았다. 그들의 삶에서 나타난 가장 두드러진 특징은 바로 '기도'였다.

우선 우리의 눈에 띄는 것은 여호수아서 10장에 기록된 사건이다. 그것은 천체(天體)조차 기도에 복종한 사건이었다. 이스라엘 백성이 그들의 적(敵)과 벌인 전투가 쉽게 끝나지 않고 길어졌다. 해가 서쪽으로 지기 전에 이스라엘 백성은 큰 승리의 열매를 거두어야 했다. 하지만 시간은 자꾸 흐르고 어둠이 찾아올 것 같았다. 이에 불굴의 '하나님의 사람' 여호수아는 해변에 서서 기도했다. 그날의 전투 결과에 얼마나 많은 것들이 걸려 있는지를 잘 알았던 여호수아는 이스라엘 사람들이 듣고 보는 가운데 이렇게 외쳤다.

> 태양아 너는 기브온 위에 머무르라 달아 너도 아얄론 골짜기에서 그리할지어다 수 10:12

기도하는 '하나님의 사람'의 명령에 따라 태양이 실제로 멈추었고, 달도 그 가던 길에서 정지했다. 그리하여 여호와의 백성들은 원수들에게 복수할 수 있었다.

천사와 씨름하는 야곱

다음으로 야곱을 보자. 얍복 강가에서 밤을 새워 기도하기 전의 야곱을 가리켜 의(義)의 귀감이라고 말할 수는 없을 것이다. 하지만 그는 '기도의 사람'이었고, 또 기도의 하나님을 믿는 '하나님의 사람'이었다. 왜냐하면 야곱이 어려움에 처했을 때 그는 즉시 기도를 통해 하나님을 찾았기 때문이다.

야곱의 과거를 잠시 훑어보자. 형 에서를 두려워한 야곱은 자신의 집에서 도망하여 외삼촌 라반의 집으로 향했다. 라반의 집으로 가는 도중 밤이 찾아오자 야곱은 하룻밤을 보내려고 한 곳에 돌을 베고 누워 잠을 청했다. 그때 그는 꿈속에서 하늘과 땅을 연결하는 사닥다리에서 하나님의 사자들이 오르락내리락하는 것을 보았다. 꿈에서 깬 그가 "여호와께서 과연 여기 계시거늘 내가 알지 못하였도다"(창 28:16)라고 외친 것은 당연한 일이었다.

아침에 잠에서 깬 야곱은 전능하신 하나님과 언약을 맺었다. 야곱은 기도를 통해 하나님께 다음과 같이 서원했다.

> 하나님이 나와 함께 계셔서 내가 가는 이 길에서 나를 지키시고 먹을 떡과 입을 옷을 주시어 내가 평안히 아버지 집으로 돌아가게 하시오면 여호와께서 나의 하나님이 되실 것이요 내가 기둥으로 세운 이 돌이 하나님의 집이 될 것이요 하나님께서 내게 주신 모든 것에서 십분의 일을 내가 반드시 하나님께 드리겠나이다 창 28:20-22

하나님을 온전히 의지해야 함을 깊이 느끼면서 무엇보다도 하나님의 도움을 갈망했던 야곱은 하나님의 보호하심과 인도하심과 복을 구하는 그의 기도를 '서원기도'로 드렸다. 바꿔 말해서 서원을 통해 그의 기도를 한 차원 끌어올렸다.

야곱이 외삼촌 라반의 집에 머무는 동안 20년의 세월이 흘렀다. 그동안 그는 라반의 두 딸과 결혼했고, 하나님께서는 그에게 자녀를 주셨다. 큰 부자가 된 야곱은 라반의 집을 떠나겠다고 결심했다. 그는 자신이 과거에 성장했던 곳으로 향했다. 하지만 고향에 다다랐을 때, 그는 자신이 형 에서와 마주칠 수밖에 없다는 사실을 깨닫게 되었다. 그토록 오랜 세월이 흘렀지만 야곱을 향한 에서의 분노는 가라앉지 않았다.

그러나 이미 하나님께로부터 "네 조상의 땅 네 족속에게로 돌아가라 내가 너와 함께 있으리라"(창 31:3)는 말씀을 들은 야곱은 고향으로 돌아가지 않을 수 없었다. 진퇴양난(進退兩難)에 빠진 야곱은 오래전에 있었던 하나님의 약속과 자신의 서원이 생각났을 것이다. 그리하여 그는 밤새도록 기도했다. 이 부분에서 우리의 주목을 끄는 것은 천사가 그와 더불어 밤새도록 씨름했다는 사실이다.

설명하기 힘든 이 사건에서 분명한 것은 결국 야곱이 이겼다는 것이다. 야곱은 그 천사에게 "당신이 내게 축복하지 아니하면 가게 하지 아니하겠나이다"(창 32:26)라고 말했다. 그 때 그곳에서 야곱의 뜨겁고 간절하고 끈질긴 기도가 응답을 받았으며, 그 결과 그는 개인적으로 풍성한 복을 받았고 이름까지 바뀌었다.

하지만 그것으로 끝난 것이 아니다. 하나님께서 야곱보다 먼저 가셔서 에서의 분노를 누그러뜨리셨다. 결국 야곱이 에서를 만났을 때, 에서의 분노는 완전히 누그러져 있었다. 한 걸음 더 나아가 에서는 자기에게 잘못하고 도망했던 야곱에게 호의를 베풀겠다고 말했다. 야곱의 기도가 없었다면, 에서의 마음이 그렇게 바뀌기는 어려웠을 것이다.

한나의 서원기도

이스라엘 역사에 나타난 강력한 중보기도의 신앙인 사무엘의 경우를 보자. '하나님의 사람' 사무엘은 그의 어머니인 한나의 기도의 열매로 태어난 사람이었다. 한나는 끈질긴 기도가 무엇이며, 또 끈질긴 기도의 열매가 무엇인지를 가장 탁월하게 보여준 사람이다.

자식이 없었던 한나는 아들을 낳길 간절히 원했다. 간절한 소원을 가지고 한나는 제사장 엘리가 있는 여호와의 집으로 올라갔다. 마음을 짓누르는 괴로움 때문에 그녀는 자제심을 잃을 정도가 되었는데, 그런 그녀의 모습이 제사장 엘리의 눈에는 마치 술 취한 사람처럼 보였다. 마음이 너무나 슬프고 괴로웠던 한나는 자기의 속마음을 또박또박 말로 표현하기 힘들었다. 그럼에도 한나는 여호와 앞에서 기도로써 그녀의 심정을 토했다. 인간으로서는 극복하기 힘든 심리적 어려움이 있었음에도 그녀는 오랫동안 기도했다.

결국 하나님께서 주신 힘으로 말미암아 마음의 안정을 되찾은 한나는 얼굴이 밝아졌다. 그녀의 밝은 얼굴은 기도 응답을 예시(豫示)했다. 믿음의 기도를 통해 한나에게 사무엘이 허락되었고, 사무엘을 통해 이스라엘 민족이 회복되었다. 우리는 사무엘이 서원기도를 통해 태어난 사람이라고 결론 내리지 않을 수 없다. 그의 어머니 한나의 서원기도를 통해 하나님께서 그를 이 땅에 보내셨기 때문이다. 한나가 기도하여 응답 받은 사건을 설명할 때 빼놓을 수 없는 것이 바로 그녀의 서원이다.

"믿음의 기도는 병든 자를 구원하리니"(약 5:15)라는 말씀에서 '기도'로 번역된 단어가 '서원'을 의미한다는 것은 매우 의미심장하다. 서원기도는 믿음을 최고의 형태로 표현한 것이다. 서원기도는 자신의 전부를 희생제물로 드리는 것이다. 하늘을 향한 꺼질 줄 모르는 뜨거운 갈망에서 우러나오는 분명한 서원기도를 통해 자신의 모든 것을 온전히 하나님께 드리고 그 서원한 것을 지키는 것은 확실한 기도 응답으로 가는 지름길이다.

기도로 고난을 이기다

삼손의 신앙에 대해 깊이 생각해볼 때, 우리는 그에게서 어느 정도의 역설(逆說)을 보게 된다. 그는 심각한 결점을 가지고 있었지만 하나님께서 기도를 들으신다는 사실을 알았고, 그분과 기도로 대화를 나눌 줄 알았다.

이스라엘 백성이 아무리 하나님을 멀리 떠났다 할지라도 그들이 하나님께 부르짖으면 다시 그분께 돌아올 수 있었다. 그들이 아무리 깊은 타락의 구렁텅이에 빠졌다 할지라도 하나님께서는 그들의 기도를 통해 그들을 다시 건져 올리셨다. 그들이 아무리 단단한 사슬에 묶여 있다 할지라도 하나님을 향한 그들의 기도의 함성이 그 사슬을 부숴버렸다.

이스라엘 백성이 늘 배우고 또 늘 망각하는 교훈이 하나 있는데, 그것은 그들을 위해 이루지 못할 것이 없는 전능하신 하나님께서 기도를 통해 그들을 도우신다는 것이었다. 성도들은 언제나 이런저런 고난에 빠지지만 그 고난은 종종 그들이 얻을 큰 승리의 전주곡에 불과하다. 고난의 원인이 무엇이든 간에, 고난의 종류가 무엇이든 간에, 고난의 정도가 어떠하든지 간에, 기도를 통해 벗어나지 못할 고난은 없다.

삼손의 고통을 줄여주거나 그를 고난에서 구해준 것은 그의 초인적 힘이 아니었다. 이에 대한 성경의 기록을 읽어보자.

> 삼손이 레히에 이르매 블레셋 사람들이 그에게로 마주 나가며 소리 지를 때 여호와의 영이 삼손에게 갑자기 임하시매 그의 팔 위의 밧줄이 불탄 삼과 같이 그의 결박되었던 손에서 떨어진지라 삼손이 나귀의 새 턱뼈를 보고 손을 내밀어 집어들고 그것으로 천 명을 죽이고 이르되 나귀의 턱뼈로 한 더미, 두 더미를 쌓았음이여 나귀의 턱뼈

로 내가 천 명을 죽였도다 하니라 그가 말을 마치고 턱뼈를 자기 손에서 내던지고 그곳을 라맛레히라 이름하였더라 삼손이 심히 목이 말라 여호와께 부르짖어 이르되 주께서 종의 손을 통하여 이 큰 구원을 베푸셨사오나 내가 이제 목말라 죽어서 할례 받지 못한 자들의 손에 떨어지겠나이다 하니 하나님이 레히에서 한 우묵한 곳을 터뜨리시니 거기서 물이 솟아나오는지라 삼손이 그것을 마시고 정신이 회복되어 소생하니 삿 15:14-19

끝까지 기도를 놓지 말라

구약의 특별한 인물 삼손을 통해 우리는 또 다른 사실을 알 수 있는데, 그것은 사람들이 고난에 빠졌을 때 본능적으로 기도를 통해 하나님을 의지한다는 것이다. 그들의 삶이 아무리 엉망이었어도, 그들이 하나님을 아무리 멀리 떠났어도, 그들이 아무리 깊은 죄에 빠졌어도 그들은 고난에 직면하면 언제나 하나님을 찾았다. 그럴 경우 대개 그들이 부르짖으며 회개하면 하나님께서 이를 듣고 그들을 고난에서 구해주셨다. 그런 맥락에서 우리는 삼손의 최후에 주목하게 된다. 성경은 그의 삶이 어떻게 끝났는지를 명확하게 말해준다.

삼손은 이방 여자 들릴라를 사랑하게 되었다. 그러나 들릴라는 블레셋 사람들과 내통하여 삼손에게서 나오는 어마어마한 힘의 비결이 무엇인지를 알아내려고 했다. 그 비밀을 알아내는 데 세 번이나 실패한 들릴라는 삼손을 끈질기게 재촉하여 결국 삼손이 지닌 힘의 원천이 자르지 않은 그의 긴 머리카락이라는 사실을 알아냈다. 들릴라의 간계에 속은 삼손은 긴 머리카락을 잘리고 힘을 잃어버렸다. 그녀가 외치는 소리를 듣고 들어온 블레셋 사람들은 삼손을 꼼짝 못하게 했다. 그들은 그의 눈을 빼고 여러 방법으로 학대했다.

그 후 블레셋 사람들은 함께 모여 그들의 신 다곤에게 큰 제사를 드렸다. 그때 그들은 삼손을 불러서 자신들을 위해 재주를 부리게 했다. 그는 하나님과 자신의 원수인 블레셋 사람들 앞에서 조롱거리가 되어버렸다. 그러나 그의 최후가 어떠했는지 사사기 16장을 통해 확인해보자.

> 삼손이 자기 손을 붙든 소년에게 이르되 나에게 이 집을 버틴 기둥을 찾아 그것을 의지하게 하라 하니라 그 집에

는 남녀가 가득하니 블레셋 모든 방백들도 거기에 있고 지붕에 있는 남녀도 삼천 명 가량이라 다 삼손이 재주 부리는 것을 보더라 삼손이 여호와께 부르짖어 이르되 주 여호와여 구하옵나니 나를 생각하옵소서 하나님이여 구하옵나니 이번만 나를 강하게 하사 나의 두 눈을 뺀 블레셋 사람에게 원수를 단번에 갚게 하옵소서 하고 삼손이 집을 버틴 두 기둥 가운데 하나는 왼손으로 하나는 오른손으로 껴 의지하고 삼손이 이르되 블레셋 사람과 함께 죽기를 원하노라 하고 힘을 다하여 몸을 굽히매 그 집이 곧 무너져 그 안에 있는 모든 방백들과 온 백성에게 덮이니 삼손이 죽을 때에 죽인 자가 살았을 때에 죽인 자보다 더욱 많았더라 삿 16:26-30

PRAYER AND PRAYING MEN 1

1. 기도하는 사람의 명령에는 강력한 힘이 있다.

하나님의 사람 여호수아가 자신의 적과 전투를 벌일 때 "태양아 머무르라"라고 외쳤다. 그러자 이스라엘 백성이 원수를 정복할 때까지 태양이 멈추었고, 달도 멈추었다. 이것은 천체조차 기도에 복종한 사건으로서 하나님이 세우신 지도자의 기도가 얼마나 강력한지를 알려준다. 그들의 삶에서 나타난 두드러진 특징은 바로 '기도'였다.

2. 올바른 서원기도는 확실한 기도 응답으로 가는 지름길이다.

한나는 아들이 없는 자신의 괴로운 마음을 하나님께 토로하며 아들을 주시길 간절히 구했다. 또한 아들을 주시면 그를 여호와께 드리겠다고 서원했다. 하나님께서는 그 기도를 들으셨고, 이스라엘 역사 가운데 가장 강력한 중보기도자이며 훌륭한 선지자인 사무엘을 그녀에게 허락하심으로 응답하셨다.

3. 고난 가운데 있을 때 간절히 하나님께 부르짖으라.

삼손은 이방 여자 들릴라의 간계에 넘어가 자신의 힘의 원천인 머리카락이 모두 잘리게 되었다. 하나님과 자신의 원수인 블레셋 사람들 앞에서 조롱거리가 되어버린 그는 하나님께 마지막으로 자신을 한 번만 강하게 하여 원수를 갚게 해달라고 부르짖었다. 결국 끝까지 기도의 능력을 붙잡은 삼손의 간구에 하나님은 응답해주셨다.

✣

주는 하늘에서 그들의 기도와 간구를 들으시고
그들의 일을 돌아보옵소서
열왕기상 8장 45절

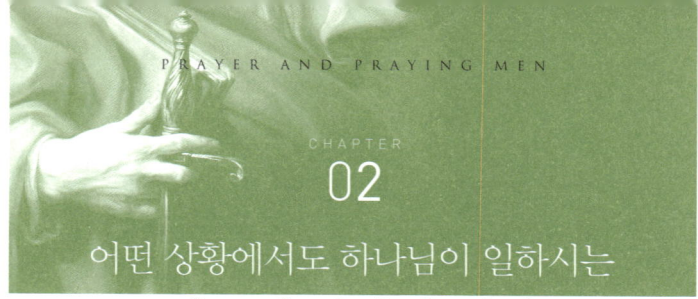

CHAPTER 02

어떤 상황에서도 하나님이 일하시는
기도의 강자가 되라

소망을 찾기 힘든 고난 중에도

큰 물고기 배 속에서 기도한 요나는 기도에 전념했던 구약의 신앙인들 중 특이한 경우를 보여준다. 여호와의 선지자였던 요나는 하나님의 얼굴을 피해, 또 자신의 사명을 피해 도망했던 사람이다. 하나님께서는 그에게 이렇게 말씀하셨다.

> 너는 일어나 저 큰 성읍 니느웨로 가서 그것을 향하여 외치라 그 악독이 내 앞에 상달되었음이니라 욘 1:2

그는 사악한 니느웨로 가서 하나님의 심판을 경고하라는 사명을 받았다. 그러나 두려움 때문에, 아니면 어떤 다른 이유로 하나님의 명령을 거역하는 편을 택한 요나는 "여호와의 얼굴을 피하려고"(욘 1:3) 다시스로 가는 배를 탔다. 아마도 그는 자신에게 그토록 중대한 사명을 맡기신 하나님께서 배를 타고 도망치는 자신의 모습을 다 지켜보고 계신다는 사실을 망각했던 것 같다.

요나가 배를 타고 다시스로 가는 중에 강력한 폭풍이 일어났다. 폭풍의 원인이 요나 때문이라는 사실을 알게 된 사공들은 하나님의 진노로부터 자신들의 목숨을 구하고자 요나를 바다에 던졌다. 그러나 처음부터 요나와 함께 계셨던 하나님께서는 바다에서도 그와 함께 계셨다.

하나님께서는 이미 큰 물고기를 예비하시어 요나를 삼키게 하셨다. 그것은 그가 더 이상 사명의 자리에서 도망하지 않고 오히려 하나님의 뜻을 이루도록 하기 위함이었다. 물고기 배 속에 갇혀 큰 고통 가운데 있던 요나는 정말로 이상한 체험을 하게 되었다. 그때에 요나는 하나님께 부르짖었고, 하나님은 그의 기도를 들으시고 그 물고기가 요나를 육지에 토해내게 하셨다.

물고기 배 속이라는 무서운 곳에서 그를 구할 수 있는 것은 아무것도 없었다. "스올의 뱃속에서"(욘 2:2) 그는 마치 죽어서 멸망한 자 같았기 때문에 아무 소망이 없었다. 하지만 요나는 기도했다! 사실 그가 그곳에서 다른 무엇을 할 수 있었겠는가! 그는 기도에 익숙한 사람이다. 그는 과거에도 고난 중에 있을 때 기도했다.

> 요나가 물고기 뱃속에 그의 하나님 여호와께 기도하여 이르되 내가 받는 고난으로 말미암아 여호와께 불러 아뢰었더니 주께서 내게 대답하셨고 내가 스올의 뱃속에서 부르짖었더니 주께서 내 음성을 들으셨나이다 욘 2:1,2

> 여호와께서 그 물고기에게 말씀하시매 요나를 육지에 토하니라 욘 2:10

기도를 통해 구원을 체험하다

다른 사람들처럼 요나도 자신의 서원대로 행하겠다고 기도했다. 이것은 그가 "나는 감사하는 목소리로 주께 제사를 드리며 나의 서원을 주께 갚겠나이다"(욘 2:9)라고 기도한 사실에서 확인된다.

요나를 "스올의 뱃속에서"(욘 2:2) 건져준 강력한 힘은 바로 '기도'였다. 기도, 즉 강력한 기도는 목적을 이루게 해준다. 하나님께서 충성스럽지 못한 요나를 구해주신 것도 그의 기도 때문이었다. 비록 그가 사명을 저버리고 도망하는 죄를 범했지만, 그럼에도 불구하고 하나님께서는 그의 기도를 거절하실 수 없었다. 기도가 이루지 못할 일은 없는데, 이는 하나님께서 이루시지 못할 일이 없기 때문이다.

요나는 물고기 배 속에서 기도하여 그 응답을 받았고, 이 놀라운 사건은 예수 그리스도의 부활 사건에서 나타난 기적의 능력을 미리 보여주는 구약의 예표(豫表) 중 하나가 되었다. 우리 주님은 요나가 기도하여 물고기 배 속에서 살아서 나온 사건이 역사적 사실이라는 것을 분명히 확인해주셨다.

구약에 등장하는 기도의 사람들은 기도를 통해 하나님의 구원을 체험했다. 이것보다 분명한 사실이 또 어디에 있겠는가? 기도는 하나님의 마음을 직접적으로 움직일 수 있다. 이것만큼 확실한 사실이 또 어디에 있겠는가? 하나님께서 오로지 신앙인의 기도를 듣고 응답하신다는 사실 때문에 기도는 가치가 있고 의미가 있다. 이것보다 더 분명한 사실이 또 어디에 있는가? 구약시대의 성도들은 이것을 확실히 믿었다. 이것은 그들의 삶에서 지속적으로 나타난 뚜렷한 특징이었다. 본질적으로 그들은 기도의 사람들이었다.

기도의 기술을 가르쳐주는 학교가 우리에게 절실히 필요하다. 그런데 모든 기술 중 가장 간단하고, 모든 능력 중 가장 강력한 이 기도가 망각되거나 훼손되기 쉽다. 그러한 위험성은 언제나 존재한다. 우리가 어머니의 무릎으로부터 멀리 떠날수록 우리는 그만큼 기도의 참된 기술로부터 멀리 떠나게 된다. 기도의 학교 밖에서 우리가 접하게 되는 모든 것들은 기도의 교훈을 완전히 거꾸로 뒤집는다.

구약 시대의 신앙인들이 기도를 잘할 수 있었던 것은 그들이 소박한 사람들이었고, 또 소박한 삶을 살았기 때문이다. 그들은 어린아이 같았고, 어린아이와 같은 시대를 살았고, 또 어린아이와 같은 신앙을 가졌다.

다윗의 기도 습관

기도의 습관으로 유명한 구약시대의 신앙인들을 언급할 때 빼놓을 수 없는 사람이 바로 다윗이다. 그는 탁월한 기도의 사람이었다. 그는 기도가 몸에 밴 사람이었다. 이것은 "저녁과 아침과 정오에 내가 근심하여 탄식하리니 여호와께서 내 소리를 들으시리로다"(시 55:17)라는 그의 말에서도 확인된다.

수많은 아름다운 시편을 남긴 다윗에게 기도는 낯선 것이 아니었다. 그는 하나님께로 나아가는 길을 알았고, 또 실제로 그 길을 걸어갔다. 그러므로 우리가 "오라 우리가 굽혀 경배하며 우리를 지으신 여호와 앞에 무릎을 꿇자"(시 95:6)라는 그의 감동적인 아름다운 외침을 듣게 되는 것은 이상한 일이 아니다. 그는 오직 하나님께서만 우리의 기도에 응답하실 수 있음을 알았기 때문에 "기도를 들으시는 주여 모든 육체가 주께 나아오리이다"(시 65:2)라고 고백했다.

다윗의 무서운 죄가 여호와의 원수로 하여금 크게 비방할 거리를 얻게 했기 때문에 하나님께서는 다윗과 밧세바 사이에서 낳은 아이를 치셨다. 그때 다윗은 일주일 동안 하나님께 기도하며 아이의 목숨을 살려달라고 간절히 구했다. 그토록 절박한 순간에 다윗의 기도 습관은 다시 살아났고, 그는 아이의 회복을 위해 금식하며 기도했다.

> 다윗이 나단에게 이르되 내가 여호와께 죄를 범하였노라 하매 나단이 다윗에게 말하되 여호와께서도 당신의 죄를 사하셨나니 당신이 죽지 아니하려니와 이 일로 말미암아 여호와의 원수가 크게 비방할 거리를 얻게 하였으니 당신이 낳은 아이가 반드시 죽으리이다 하고 나단이 자기 집으로 돌아가니라 우리아의 아내가 다윗에게 낳은 아이를 여호와께서 치시매 심히 앓는지라 다윗이 그 아이를 위하여 하나님께 간구하되 다윗이 금식하고 안에 들어가서 밤새도록 땅에 엎드렸으니 그 집의 늙은 자들이 그 곁에 서서 다윗을 땅에서 일으키려 하되 왕이 듣지 아니하고 그들과 더불어 먹지도 아니하더라 삼하 12:13-17

비록 하나님께서 그의 기도에 응답하시지는 않았지만, 그렇다고 해서 그의 기도 습관에 문제가 있었던 것은 아니다. 다윗은 그가 구한 것을 얻지 못했지만 하나님을 향한 그의 믿음은 조금도 흔들리지 않았다. 하나님께서는 다윗의 아들을 데려가셨지만, 훗날 솔로몬이라는 다른 아들을 주셨다.

진실한 회개기도로 새 마음을 받으라

다윗은 하나님께서 치신 첫째 아이의 목숨을 위해 기도했다. 그런데 이 사건과 관련하여 우리가 반드시 살펴봐야 할 것이 있다. 그것은 다윗의 '회개기도'이다. 하나님의 명령에 따라 다윗을 찾아온 선지자 나단은 그의 두 가지 큰 죄, 즉 간음죄와 살인죄를 지적했다. 그의 지적을 받은 다윗은 즉시 자기의 죄를 인정하고 나단에게 "내가 여호와께 죄를 범하였노라"(삼하 12:13)라고 고백했다.

마음이 깨어진 다윗이 얼마나 자기의 죄를 슬퍼하면서 진정으로 회개했는지를 알려면 시편 51편을 읽어보라. 시편 51편에는 그의 죄의 고백과 한없는 부끄러움과 간절한 기도가 구구절절 맺혀 있다.

> 하나님이여 주의 인자를 따라 내게 은혜를 베푸시며 주의
> 많은 긍휼을 따라 내 죄악을 지워주소서 주의 얼굴을 내

죄에서 돌이키시고 내 모든 죄악을 지워주소서 하나님이
여 내 속에 정한 마음을 창조하시고 내 안에 정직한 영을
새롭게 하소서 나를 주 앞에서 쫓아내지 마시며 주의 성
령을 내게서 거두지 마소서 주의 구원의 즐거움을 내게
회복시켜주시고 자원하는 심령을 주사 나를 붙드소서
시 51:9-12

다윗은 죄를 용서하시는 하나님을 어떻게 만날 수 있는지 알았다. 그 방법은 바로 기도였다! 그의 진실한 회개기도를 통해 하나님께서 그를 다시 받아주셨고, 그의 구원의 기쁨이 회복되었다. 기도를 통해 모든 죄인들은 하나님의 은혜와 용서를 받고 새 마음을 갖게 된다.

시편 전체는 기도를 매우 강조한다. '성경의 경건서적'이라고 불릴 만큼 시편은 기도에 대한 증언으로 가득 차 있다.

분별하는 지혜를 구하다

구약성경에 나오는 기도의 신앙인들에게도 결점이 있었지만 그럼에도 그들은 기도를 들으시는 하나님을 잊지 않았고,

하나님을 찾는 일을 중단하지 않았다. 구약에 나오는 기도의 신앙인들을 언급할 때 솔로몬을 빼놓아서는 안 된다. 지혜로운 사람 솔로몬은 만년에 하나님을 떠났고 그의 해는 구름 아래로 졌지만, 그가 통치를 시작할 때에 그는 하나님께 기도했다.

솔로몬은 제사를 드리기 위해 기브온으로 갔다. 제사에는 언제나 기도가 빠지지 않았다. 그때에 여호와께서 밤에 솔로몬의 꿈에 나타나시어 "내가 네게 무엇을 줄꼬 너는 구하라"(왕상 3:5)라고 물으셨다. 하나님의 질문에 대한 솔로몬의 대답은 그가 어떤 사람이었는지를 잘 보여준다. 그는 하나님께 무엇을 구했는가?

> 나의 하나님 여호와여 주께서 종으로 종의 아버지 다윗을 대신하여 왕이 되게 하셨사오나 종은 작은 아이라 출입할 줄을 알지 못하고 왕께서 택하신 백성 가운데 있나이다 그들은 큰 백성이라 수효가 많아서 셀 수도 없고 기록할 수도 없사오니 누가 주의 이 많은 백성을 재판할 수 있사오리이까 듣는 마음을 종에게 주사 주의 백성을 재판하여 선악을 분별하게 하옵소서 왕상 3:7-9

그의 이 기도 다음에 이와 같은 기록이 나오는 것은 아주 당연한 일이다.

> 솔로몬이 이것을 구하매 그 말씀이 주의 마음에 든지라 이에 하나님이 그에게 이르시되 네가 이것을 구하도다 자기를 위하여 장수하기를 구하지 아니하며 부도 구하지 아니하며 자기 원수의 생명을 멸하기도 구하지 아니하고 오직 송사를 듣고 분별하는 지혜를 구하였으니 내가 네 말대로 하여 네게 지혜롭고 총명한 마음을 주노니 네 앞에도 너와 같은 자가 없었거니와 네 뒤에도 너와 같은 자가 일어남이 없으리라 내가 또 네가 구하지 아니한 부귀와 영광도 네게 주노니 네 평생에 왕들 중에 너와 같은 자가 없을 것이라 왕상 3:10-13

기도는 하나님 성전의 기초다

솔로몬의 기도가 얼마나 놀라운가! "종은 작은 아이라"라는 고백에서 알 수 있듯이, 솔로몬은 매우 겸손하고 소박했다. 그는 자기에게 필요한 유일한 것을 하나님께 정확히 말씀드렸다. 그리하여 솔로몬은 자신이 구하지 않은 것까지도 하나님께 받았다.

성전 봉헌 때 솔로몬이 드린 기도는 매우 탁월하다. 하나님의 말씀에 기록된 기도 가운데 이 기도가 가장 긴 것 같다. 솔로몬의 기도는 필요한 것들을 전부 언급하면서 아주 명료하고 강렬했다(왕상 8:22-53 참조).

솔로몬이 하나님의 집의 기초로 삼았던 것은 바로 기도였다. 기도가 아닌 다른 어떤 것이 어떻게 하나님의 집의 기초가 될 수 있겠는가? 과거 솔로몬의 기도를 들으셨던 하나님께서 이번에도 그의 기도를 들어주셨다는 사실이 "솔로몬이 기도를 마치매 불이 하늘에서부터 내려와서 그 번제물과 제물들을 사르고 여호와의 영광이 그 성전에 가득하니"(대하 7:1)라는 기록에서 증명된다. 하나님께서는 불이 하늘에서 내려오게 하시고 그분의 영광이 성전에 가득하게 하셨다. 이로써 우리는 하나님께서 경배의 집과 기도하는 왕 솔로몬을 받으셨다는 사실을 알 수 있다.

기도하는 구약의 성도들을 계속 언급하자면 끝이 없을 것이다. 그들 모두에 대해 길게 이야기하는 것은 사실상 불가능할 것이다.

  '기도'의 관점으로 구약성경을 차분히 읽어보라. 그러면 구약시대 사람들의 마음과 그들의 삶에서 기도가 얼마나 중요한 자리를 차지했는지 알게 될 것이다.

PRAYER AND PRAYING MEN 2

1. 요나는 하나님을 향한 부르짖음으로 건짐을 받았다.

하나님의 명령을 거역하여 물고기 배 속에 갇히게 된 요나는 하나님께 부르짖었고 하나님은 그 기도에 응답하시어 요나를 구해주셨다. 요나가 기도하여 물고기 배 속에서 살아서 나온 사건은 예수 그리스도의 부활 사건에서 나타난 기적의 능력을 미리 보여주는 구약의 예표 중 하나이다. 구약에 등장하는 기도의 사람들은 기도를 통해 하나님의 구원을 체험했다.

2. 하나님께 드리는 진실한 회개기도에 능력이 있다.

다윗은 탁월한 기도의 사람이었으며, 기도가 몸에 밴 사람이었다. 그가 지은 수많은 아름다운 시편은 그가 얼마나 기도하기를 사모했는지 보여준다. 그런 다윗이 하나님 앞에 심각한 죄를 저질렀다. 그러나 그는 자신의 죄를 깨달았을 때 즉시 죄를 인정하고 하나님께 진실한 회개기도를 드렸으며, 하나님은 그에게 새 마음을 부어주셨다.

3. 하나님께 드리는 기도를 우리 인생의 기초로 삼으라.

솔로몬은 하나님께서 구할 것을 물으셨을 때 '분별하는 지혜'를 구한 기도의 사람이다. 그는 하나님의 성전을 건축한 왕으로서 성전 봉헌 때 매우 탁월한 기도를 드린 것으로 유명한데, 그가 기도를 마치자 불이 하늘에서부터 내려왔고 여호와의 영광이 그 성전에 가득했다. 솔로몬이 하나님의 집의 기초로 삼았던 것은 다른 무엇이 아닌 바로 '기도'였다.

✢

오라 우리가 굽혀 경배하며
우리를 지으신 여호와 앞에 무릎을 꿇자
시편 95편 6절

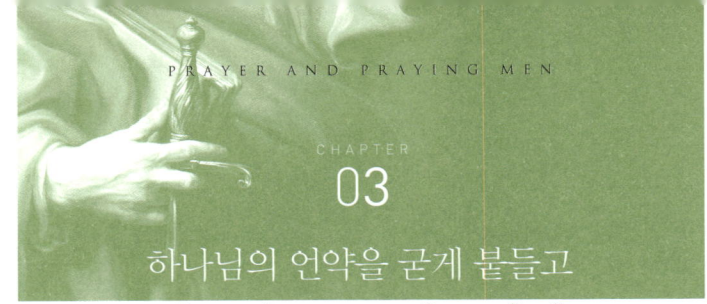

하나님의 언약을 굳게 붙들고
기도하고 또 기도하라

기도의 제단을 쌓은 아브라함

하나님의 친구 아브라함은 기도의 능력을 굳게 믿었던 구약시대의 성도들이 어떠했는지를 잘 보여주는 탁월한 인물이다. 아브라함이 살았던 족장시대는 머나먼 과거이지만 우리는 그 시대에서도 기도의 가치를 발견할 수 있다. 인류의 역사가 시작했을 무렵에도 기도는 존재했다. 아주 복잡한 시대뿐만 아니라 아주 소박한 시대에도 기도의 힘이 절대적으로 요구되었다.

아브라함이라는 인물을 연구해보라. 그러면 그가 항상 제단을 세우고 여호와의 이름을 불렀다는 사실을 알게 될 것이다.

아브라함은 하나님의 명령에 따라 미지(未知)의 땅을 향해 자신의 가족과 종들과 더불어 갈 때, 하룻밤이든 그 이상이든 어느 곳에 머물든지 간에 제단을 세우고 여호와의 이름을 불렀다.

믿음과 기도의 사람 아브라함은 가족 제단을 세워 자신의 일가권속(一家眷屬)을 제단 앞에 불러 모아 경배와 찬양과 기도의 제사를 드렸다. 그가 세운 제단은 은밀한 개인기도처가 아니라 일가권속이 모두 참여하는 공개적인 제사의 장소였다.

하나님의 계시가 더욱 충만해지고 더욱 완전해질수록 아브라함은 더욱 많은 기도를 드렸다. 그렇게 깊은 기도의 세계로 들어가던 어느 날, 그는 하나님을 만나 그분 앞에 엎드렸고 하나님께서는 그에게 말씀하셨다. 그 후 믿음의 조상 아브라함이 하나님 앞에 또다시 엎드렸을 때, 그는 정말로 믿기 힘든 하나님의 계시의 말씀과 계획을 들었다. 하나님께서는 그의 노년에 아들이 생길 것이며, 그 약속의 아들을 통해 놀라운 하나님의 뜻이 이루어질 것이라고 그에게 말씀하셨다.

심지어 이스마엘(여종 하갈에게서 낳은 아브라함의 아들)의 운명도 "이스마엘이나 하나님 앞에 살기를 원하나이다"(창 17:18)라는 아브라함의 기도에 의해 결정되었다.

간구하고 또 간구하라

아브라함이 하나님 앞에 서서 사악한 도성 소돔을 위해 끈질기게 중보기도를 드린 사건은 참으로 주목할 만한 일이다. 아브라함은 소돔을 멸하겠다는 하나님의 말씀을 들었을 때, 조카 롯이 살고 있는 소돔을 위해 중보기도를 드렸다. 기도의 능력을 믿었고 기도의 방법을 알았던 아브라함이 겸손하고 끈질기게 기도하여 소돔에 즉시 재앙이 닥치지 않았다.

사실, 소돔은 재앙을 면할 뻔했다. 소돔의 구원을 위해 아브라함이 할 수 있었던 것은 기도뿐이었다. 결국 기도를 통해서도 소돔의 멸망을 막을 수 없었던 것은 아마도 아브라함이 소돔의 영적 상태를 너무 낙관적으로 보았기 때문일 것이다. 만일 아브라함이 하나님께 한 번 더 간구하여 "소돔에 의인이 한 명만 있어도 그 성을 멸하지 마소서"라고 말씀드렸다면, 하나님께서 롯을 위하여 그 성을 구원하셨을지도 모른다.

아브라함이 하나님의 마음을 움직일 수 있는 기도의 능력을 알았던 '기도의 사람'이라는 것을 보여주는 또 다른 사건이 있다. 언젠가 아브라함은 그랄에 머물게 되었다. 그런데 그는 그랄 왕 아비멜렉이 자신을 죽이고 자신의 아내 사라를 빼앗아 정욕의 노리개로 삼을지도 모른다고 두려워했다. 그래서 아브라함은 사라가 자기의 누이라고 거짓말을 했다. 그러나 하나님께서 아비멜렉의 꿈에 나타나시어 사라가 아브라함의 누이가 아니라 아내라고 말씀하시면서 그녀를 돌려보내라고 경고하셨다. 하나님께서는 아비멜렉에게 "그 사람의 아내를 돌려보내라 그는 선지자라 그가 너를 위하여 기도하리니 네가 살려니와"(창 20:7)라고 말씀하셨다. 이 일이 결국 어떻게 되었는지에 대해 성경은 다음과 같이 기록했다.

> 아브라함이 하나님께 기도하매 하나님이 아비멜렉과 그의 아내와 여종을 치료하사 출산하게 하셨으니 여호와께서 이왕에 아브라함의 아내 사라의 일로 아비멜렉의 집의 모든 태를 닫으셨음이더라 창 20:17,18

하나님은 기도의 사람을 도우신다

이런 결말은 욥기의 결말과 유사하다. 욥이 무서운 시험에 빠져 있을 때 그의 친구들은 욥을 이해하지 못했고, 그를 다루시는 하나님의 방법도 이해하지 못했다. 그들은 욥이 죄 때문에 그 모든 고난을 당하는 것이라고 주장하면서 욥을 비난했다. 그러나 그들의 비난은 잘못된 것이었다.

결국 하나님께서 나타나시어 말씀하심으로써 욥과 그의 친구들 사이의 논쟁이 끝났다. 하나님께서는 그들에게 "내 종 욥이 너희를 위하여 기도할 것인즉 내가 그를 기쁘게 받으리니"(욥 42:8)라고 말씀하셨다. 또 욥이 그의 친구들을 위하여 기도할 때 여호와께서 욥의 곤경을 돌이키셨다(욥 42:10 참조). 전능의 하나님께서는 그분의 종 욥이 '기도의 사람'이라는 것을 아셨다. 하나님께서 욥의 친구들을 그에게 보내셨을 때 욥은 기도했고, 하나님께서는 그의 기도를 통해 그분의 계획과 목적을 이루셨다.

아브라함은 여호와 하나님 앞에 서서 자주 기도했다. 아브라함의 삶은 기도로 충만한 삶이었는데 그의 기도를 통하여 그의 시대가 거룩하게 되었다. 그가 순례의 길을 가다가 멈출 때마다 '기도'라는 길동무가 언제나 그와 함께 했다. 제사를 위한 제단 옆에는 항상 기도의 제단이 있었다. 그는 아침 일찍 기도의 제단으로 나아가 여호와 앞에 서서 기도했다.

PRAYER AND PRAYING MEN 3

1. 기도의 제단을 세우고 여호와의 이름을 불러라.

믿음의 사람 아브라함은 어느 곳에 머물든지 간에 기도의 제단을 세우고 그곳에서 여호와의 이름을 불렀다. 더욱이 그가 세운 제단은 은밀한 개인기도처가 아닌 일가권속이 모두 참여하는 공개적인 제사의 장소였다. 그는 점점 기도의 깊은 세계로 들어갔고, 하나님의 계시의 말씀과 계획을 들었다.

2. 포기하지 말고 하나님께 겸손히 끈질기게 기도하라.

아브라함은 소돔을 멸하시겠다는 하나님의 말씀을 들었을 때, 그곳에 살고 있는 조카 롯을 위해 중보기도를 드렸다. 기도의 능력을 믿었고 기도의 방법을 알았던 아브라함이 겸손하고 끈질기게 기도하여 소돔에 즉시 재앙이 닥치지 않았다. 기도에는 하나님의 마음을 움직일 수 있는 신비한 능력이 숨어 있음을 기억하라.

3. 우리의 좋은 친구 되는 기도와 동행하는 삶을 살아라.

아브라함은 기도의 제단을 쌓고 여호와 앞에 서서 자주 기도를 드렸다. 그는 기도로 충만한 삶을 살았는데, 그의 기도를 통하여 그의 시대가 거룩하게 되었다. 아브라함이 순례의 길을 가다가 멈출 때마다 언제나 그의 곁에는 '기도'라는 길동무가 함께 있었다.

✢

구하라 그리하면 너희에게 주실 것이요 찾으라
그리하면 찾아낼 것이요 문을 두드리라 그리하면 너희에게 열릴 것이니

마태복음 7장 7절

중보기도를 통해 하나님의
자비의 수로가 흐르게 하라

기도를 통한 인격의 변화

기도는 하나님의 계획에 협력한다. 기도는 하나님의 계획의 성취를 위한 밑거름이 된다. 사람들에게 풍성한 복을 주시려는 하나님의 선하신 뜻과 지혜가 그들의 죄 때문에 물거품이 될 위기에 처했을 때, 기도가 하나님의 진노를 풀어드리고 하나님의 계획을 이루어드린 적이 얼마나 많은가! 이스라엘 민족이 금송아지를 만들고 하나님을 떠났을 때 하나님께서는 의로운 심판을 통해 그들을 멸하려고 하셨다. 하지만 모세가 사십 주야 끈질기게 중보기도를 드려 그들은 멸망을 면했다.

모세는 기도를 통해 매우 놀라운 인격적 변화를 이루었다.

하나님으로부터 율법을 받을 때 그가 하나님과 나눈 깊은 교제도 그의 40일 기도로 이루어진 인격적 변화만큼 그를 크게 변화시키지는 못했다. 그가 오랜 기도의 몸부림을 끝내고 산에서 내려왔을 때 그의 얼굴이 밝게 빛났다. 우리의 인격과 행동에서 빛이 나려면 기도의 씨름이 있어야 한다. 남을 밀어내고 그 자리를 차지한 야곱이 '이스라엘'이라는 이름으로 바뀐 것은 그의 철야기도 때문이었다. 야곱처럼 꾀가 많은 사람이 철야기도를 통해 하나님의 마음과 사람들의 마음을 움직일 수 있는 인격자로 변화된 경우가 많다.

사명을 이루기 위한 기도

모세의 사명은 그 목적과 결과에 있어서 다른 누구의 사명보다 더욱 장엄했다. 모세의 사명은 그 누구의 사명보다 더 많은 노력을 요하는 중대하고 어려운 사명이었다. 자신의 사명을 이루기 위한 모세의 노력에서 우리는 기도라는 숭고한 사역과 습관을 배울 수 있다.

기도는 필요한 도움과 지원을 공급해주는 통로의 역할에서 그치지 않는다. 기도는 오래 참으시는 하나님의 자비가 수로

(水路)를 따라 사람들에게까지 흐르도록 수문을 여는 자비로운 사역이다. 기도는 자비가 심판을 이기고 기뻐할 수 있도록 하나님의 진노를 풀어드리는 중보사역이다.

사실 모세 자신과 그의 사명은 기도가 있었기 때문에 생겨났다. 이것은 "야곱이 애굽에 들어간 후 너희 조상들이 여호와께 부르짖으매 여호와께서 모세와 아론을 보내사 그 두 사람으로 너희 조상들을 애굽에서 인도해내어 이곳에 살게 하셨으나"(삼상 12:8)라는 말씀에서 증명된다. 이스라엘 백성을 속박에서 구해내기 위한 큰일이 시작된 것은 바로 기도 때문이었다.

하나님의 큰일은 사람들의 기도 때문에 시작되었고 힘을 얻었고 실현되었다. 기도는 하나님의 마음을 움직이는 일이다. 기도를 통해 이런저런 작은 목적들이 이루어지는 것이 사실이지만 기도 자체는 하나님의 마음을 움직이는 일이다. 하나님께서는 성도들의 기도에 따라 명(命)을 내리고 행동하기를 기뻐하신다. 기도는 하나님의 마음을 움직인다. 모세가 하나님께 사명을 받았어도 만일 열심히 기도하지 않았다면, 그분의 큰일을 이룰 수 없었을 것이다. 만일 그가 자신의 향로(香爐)

를 기도의 향으로 가득 채우지 않았다면, 하나님의 백성을 다스릴 수 없었을 것이고 그분의 계획을 이루어드리지도 못했을 것이다. 기도의 향이 타올라 하나님의 존전으로 올라가는 일이 일어나지 않는다면, 그분의 일이 이루어질 수 없다.

하나님의 진노와 우리의 기도

하나님의 진노가 불같이 일어났을 때 모세의 기도는 종종 그분의 진노를 풀어드렸다. 애굽 왕 바로는 모세에게 하나님의 진노의 채찍을 완화하도록 기도해달라고 네 번이나 간청했다. 징그러운 개구리들 때문에 고통당한 바로는 모세에게 "여호와께 구하여 나와 내 백성에게서 개구리를 떠나게 하라"(출 8:8)라고 간절히 요청했다. 이 일의 결과에 대해 성경은 "바로에게 내리신 개구리에 대하여 모세가 여호와께 간구하매 여호와께서 모세의 말대로 하시니"(출 8:12,13)라고 기록하고 있다.

파리 떼의 재앙이 애굽의 온 땅을 덮었을 때, 바로는 또 모세에게 "너희는 나를 위하여 간구하라"(출 8:28)라고 간절히 도움을 구했다. 모세가 바로를 떠나 나와서 하나님께 이를 간구했을 때 그분은 모세의 기도대로 행하셨다. 우박과 우렛소리의 재앙이 애굽 땅을 황폐하게 만들었을 때 완악한 왕 바로는 또 "여호와께 구하라"라고 모세에게 청했다. 바로를 떠나 성에서 나온 모세가 오직 전능하신 하나님이 계신 조용한 곳에서 그분을 향하여 손을 펴고 기도했을 때, 우렛소리와 우박이 그치고 비가 땅에 내리지 않았다(출 9:33 참조).

모세는 율법을 준 사람이었지만 그럼에도 불구하고 그에게서 신령한 기도의 능력이 많이 나타났다. "내 집은 기도하는 집이라"(마 21:13)는 말은 모세의 시대보다 더욱 신령한 시대뿐만 아니라 모세의 시대에도 해당되는 말이다.

모세는 "기도는 하나님의 마음을 움직이는 힘이 있다"라는 기도의 근본 원리를 있는 그대로 믿은 사람이었다. 이런 기도의 근본 원리가 강하게 적용되어 나타난 사람으로는 아브라함이 있다. 그런데 이 근본 원리가 더욱 강하게 적용된 경우가 바로 모세인 것 같다. 모세의 경우를 살펴보면 하나님은 기도를 듣고 움직이시며, 기도에 따라 행동하시며, 심지어는 그분의 행동을 바꾸거나 뒤집으면서까지 기도에 응답하신다. "내게 간구하라 내가 그에게 응답하리라"(시 91:15)라는 말씀은 모든 다른 법보다 더 강한 법이요 모든 다른 명령보다 더 확고한 명령이다.

하나님과 더 가까이할수록

모세는 하나님 가까이에서 살았다. 그는 가장 자유롭게, 가장 담대하게, 가장 방해 받지 않고 그분께 나아갈 수 있었다. 하지만 그렇다고 해서 그에게 기도의 필요성이 줄어든 것은 아니었다. 오히려 그럴수록 더 많이 더 강하게 기도해야 했다. 하나님을 가까이할수록 기도의 의욕을 더 느끼게 되고, 기도의 횟수가 더 늘어나고, 기도의 목적이 더 분명해지고, 기도의 힘이 더 강해진다. 반면에 하나님을 가까이하지 않고 그분을 낯설어 하고, 그분에게 냉담한 사람들은 별로 기도를 하지 않으며, 기도를 한다 해도 그 기도가 약하다.

모세는 기도를 해도 좀처럼 풀리지 않는 어려운 상황에 여러 번 처했다. 하지만 하나님께서 기도를 듣고 결국 행동하셨을 때에 모든 문제가 풀렸다. 모세의 사명은 하나님께로부터 받은 사명이었다. 그것은 하나님께서 계획하고 명령하신 사명이었다. 우리가 어떤 일을 할 때 하나님께서 더 많이 함께하실수록 우리는 더 많은 기도를 드리게 되고 그 기도는 더욱 강력해지고 더욱 뜨거워진다.

사십 주야 동안 모세는 하나님의 백성의 구원을 위해 간절히 기도했다. 그 긴 기도의 시간 동안 이스라엘 민족을 위한 그의 염려가 무척 컸기 때문에 그의 육체적 연약함과 굶주림은 전혀 문제가 되지 않았다. 의로운 사람의 기도가 하나님의 마음을 불가사의하게 움직일 수 있다는 것이 하나님께서 모세에게 하신 말씀, 즉 "그런즉 내가 하는 대로 두라 내가 그들에게 진노하여 그들을 진멸하고 너를 큰 나라가 되게 하리라" (출 32:10)라는 말씀에서 분명히 드러난다. 기도가 하나님의 마음을 그토록 움직였다는 것을 보게 될 때 우리는 놀라움과 경외심과 두려움에 사로잡히지 않을 수 없다. 그런 기도를 드린 모세는 참으로 고상하고 담대하고 경건한 사람이었음에 틀림없다.

출애굽기 말씀을 읽어보자.

> 모세가 여호와께로 다시 나아가 여짜오되 슬프도소이다
> 이 백성이 자기들을 위하여 금 신(神)을 만들었사오니 큰

죄를 범하였나이다 그러나 이제 그들의 죄를 사하시옵소서 그렇지 아니하시오면 원하건대 주께서 기록하신 책에서 내 이름을 지워 버려주옵소서 여호와께서 모세에게 이르시되 누구든지 내게 범죄하면 내가 내 책에서 그를 지워버리리라 이제 가서 내가 네게 말한 곳으로 백성을 인도하라 내 사자가 네 앞서 가리라 출 32:31-34

하나님은 기도의 사람을 지키신다

고라가 모세에게 대적했을 때, 하나님의 진노가 그의 반역에 동조한 온 이스라엘 회중을 향해 불탔다. 그때 모세가 다시 행동에 나섰는데 이번에는 형 아론과 함께 그들을 위해 중보기도를 했다. 이 사건에서 알 수 있듯이 모세는 이와 같은 위기의 때에 누구로부터 구원을 찾아야 할지를 알았다. 그리하여 용기를 낸 모세는 하나님께 진노를 거두시고 이스라엘을 살려달라고 기도했다. 모세가 어떻게 기도했는지를 성경에서 읽어보자.

여호와께서 모세와 아론에게 말씀하여 이르시되 너희는

> 이 회중에게서 떠나라 내가 순식간에 그들을 멸하려 하노라 그 두 사람이 엎드려 이르되 하나님이여 모든 육체의 생명의 하나님이여 한 사람이 범죄하였거늘 온 회중에게 진노하시나이까 민16:20-22

모세의 누이 미리암이 모세에게 반발하는 월권적 행동을 했을 때 아론이 이에 동조했다. 하나님께서는 이 죄로 인해 그녀를 나병으로 치셨다. 누이 미리암을 위해 한 모세의 기도에서 그의 아름답고 고상한 마음을 볼 수 있다. 그녀가 하나님의 마음을 슬프게 해드렸지만 모세는 그녀를 위해 열심히 중보기도를 드렸다. 그의 기도 덕분에 그녀의 무서운 난치병이 치료되었다. 이 사건에 대한 기록은 매우 극적이다.

> 여호와께서 그들을 향하여 진노하시고 떠나시매 구름이 장막 위에서 떠나갔고 미리암은 나병에 걸려 눈과 같더라 아론이 미리암을 본즉 나병에 걸렸는지라 아론이 이에 모세에게 이르되 슬프도다 내 주여 우리가 어리석은 일을 하여 죄를 지었으나 청하건대 그 벌을 우리에게 돌리지

마소서 그가 살이 반이나 썩어 모태로부터 죽어서 나온 자 같이 되지 않게 하소서 모세가 여호와께 부르짖어 이르되 하나님이여 원하건대 그를 고쳐주옵소서 여호와께서 모세에게 이르시되 그의 아버지가 그의 얼굴에 침을 뱉었을지라도 그가 이레 동안 부끄러워하지 않겠느냐 그런즉 그를 진영 밖에 이레 동안 가두고 그 후에 들어오게 할지니라 하시니 민12:9-14

구체적인 중보기도에 응답하시는 하나님

이스라엘 백성들은 마라에 이르러 그곳 물이 써 마시지 못하자 하나님을 원망했다. 이 사건은 기도의 막강한 위력을 다시 한 번 더 실감하게 하는 계기가 되었다. 이 사건을 통해 중보기도가 어떤 것인지 분명히 드러났다. 뿐만 아니라 그 사건은 모세가 하나님 앞에서 다른 사람들을 위해 중보기도를 드리는 큰 사명을 감당한 사람임을 확실히 드러냈다. 이에 대한 성경의 기록을 읽어보자.

마라에 이르렀더니 그곳 물이 써서 마시지 못하겠으므로

> 그 이름을 마라라 하였더라 백성이 모세에게 원망하여 이르되 우리가 무엇을 마실까 하매 모세가 여호와께 부르짖었더니 여호와께서 그에게 한 나무를 가리키시니 그가 물에 던지니 물이 달게 되었더라 거기서 여호와께서 그들을 위하여 법도와 율례를 정하시고 그들을 시험하실새
>
> 출 15:23-25

이 땅의 쓴 물이 기도로 달게 변한 일들이 얼마나 많았겠는가! 그것들을 다 알려면 하늘나라의 기록을 다 읽어봐야 할 것이다.

다베라에서 이스라엘 백성은 고생스럽다고 또 불평했고 하나님께서는 그들에게 진노하셨다. 그때 모세가 다시 하나님과 이스라엘 백성 사이에 서서 중보기도를 드렸다. 이 사건에 대한 기록은 다음과 같다.

> 여호와께서 들으시기에 백성이 악한 말로 원망하매 여호와께서 들으시고 진노하사 여호와의 불을 그들 중에 붙여서 진영 끝을 사르게 하시매 백성이 모세에게 부르짖으므

로 모세가 여호와께 기도하니 불이 꺼졌더라 민 11:1,2

  모세는 그가 구한 것을 얻었다. 그의 기도는 구체적이었고 하나님의 응답도 구체적이었다. 그가 기도할 때마다 하나님께서 듣고 응답하셨다.

  그런데 모세도 구한 것을 받지 못했던 적이 한 번 있다. 그것은 그가 가나안에 들어갈 수 있도록 허락해달라는 기도였다. 그는 약속의 땅 가나안을 멀리서 볼 수 있도록 허락받았지만 요단강을 건너 그 약속의 땅으로 들어갈 수는 없었다. 이와 비슷한 경우가 사도 바울에게서도 발견된다. 바울이 그의 육체의 가시를 제거해달라고 하나님께 세 번 간구했지만 그분은 그것을 허락하지 않으셨다. 하지만 하나님께서는 그의 육체의 가시가 복이 되도록 그에게 은혜를 베푸셨다.

모세의 시에 담긴 깊은 의미

  일반적으로 학자들은 시편 90편이 '모세의 시'라는 데 동의한다. 시편 90편은 자기의 백성에게 하나님의 율법을 전달한 모세의 기도가 어떠했는지를 잘 보여준다. 이 시편에 담긴 그의 기도는 깊이 연구해볼 만한 가치가 있다. 이 시편은 우리에게 특별한 의미를 갖는데, 왜냐하면 죽은 사람들을 위한 애가(哀歌)로 오랜 세월 동안 사용되어 왔기 때문이다. 이 시편은 많은 죽은 성도들의 무덤을 복되게 하는 데 사용되어 왔다.

그러나 그런 의미에서만 이 시편을 바라본다면 이 시편의 깊은 뜻을 놓치기 쉽다. 죽은 자들이 아니라 산 자들을 위하여 이 시편을 깊이 묵상하는 것이 지혜로운 일이다. 어떻게 살고 어떻게 기도하고 어떻게 죽을 것인지를 이 시편에서 배우는 것이 지혜로운 일이다. "우리에게 우리 날 계수함을 가르치사 지혜로운 마음을 얻게 하소서 … 우리의 손이 행한 일을 우리에게 견고하게 하소서 우리의 손이 행한 일을 견고하게 하소서"(시 90:12,17)라는 구절을 깊이 묵상하라.

PRAYER AND PRAYING MEN 4

1. 사명을 이루기 위해서는 숭고한 기도의 작업이 필요하다.

모세의 사명은 그 목적과 결과에 있어서 다른 누구의 사명보다 더욱 장엄했다. 모세의 사명은 많은 노력을 요구하는 중대하고 어려운 사명이었다. 모세는 자신의 사명을 이루기 위해 기도라는 숭고한 사역을 계속해나갔다. 모세는 하나님께 사명을 받고 자신의 향로를 기도의 향으로 가득 채우는 일을 멈추지 않았다.

2. 다른 사람을 위한 중보기도는 가장 고귀한 하나님의 일이다.

기도의 역할은 필요한 도움과 지원을 공급해주는 통로의 역할에서 그치지 않는다. 기도는 오래 참으시는 하나님의 자비가 수로를 따라 사람들에게까지 흐르도록 수문을 여는 자비로운 사역이다. 기도는 자비가 심판을 이기고 기뻐할 수 있도록 하나님의 진노를 풀어드리는 중보사역이다.

3. 모세는 백성을 위해 중보기도하는 지도자였다.

이스라엘 백성은 마라에 이르러 그곳 물이 써 마시지 못하자 하나님을 원망했다. 이 사건을 통해 중보기도가 어떤 것인지 분명히 드러났을 뿐 아니라 모세가 하나님 앞에서 다른 사람들을 위해 중보기도를 드리는 큰 사명을 감당한 사람임이 확실히 드러났다. 모세의 기도를 통하여 마라의 쓴 물이 달게 변했기 때문이다.

✢

주 우리 하나님의 은총을 우리에게 내리게 하사 우리의 손이 행한 일을
우리에게 견고하게 하소서 우리의 손이 행한 일을 견고하게 하소서

시편 90편 17절

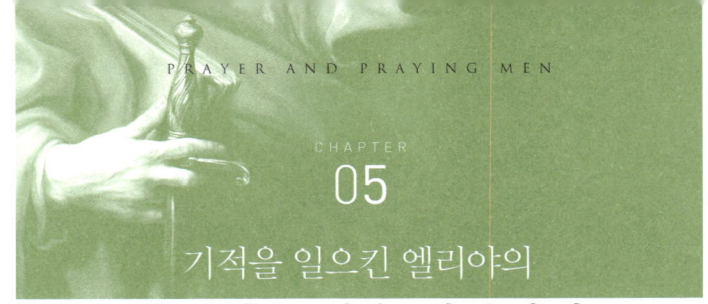

기적을 일으킨 엘리야의
기도의 능력을 회복하라

기도의 모범이 되는 엘리야

엘리야는 무척 탁월한 선지자이다. 선지자의 면류관과 보좌와 규(圭, scepter)가 그의 것이다. 그의 의복에서는 백열(白熱)의 빛이 뿜어져 나오는 것 같다. 불같이 뜨거운 기도를 드리는 그의 모습을 보면 그가 초인 같다는 생각도 든다. 하지만 신약성경은 그가 우리와 성정이 똑같은 사람이라고 증언한다. 신약은 기도를 통해 그토록 놀라운 일들을 이룬 엘리야를 초인이라고 부르지 않고 오히려 더욱 기도하도록 우리를 자극하는 '기도의 모범'으로 제시한다. 이 시대에 절실히 요구되는 것은 엘리야처럼 기도하고 엘리야처럼 응답받는 것이다.

우리에게 모습을 나타내기 전에 엘리야는 기도의 교훈을 배웠고 하나님의 기도 학교를 졸업했다. 산이나 광야 같은 조용한 곳에서 그는 홀로 하나님과 만나며 아합 왕의 저질적 우상숭배의 문제를 놓고 중보기도를 했다. 그의 기도는 하나님의 마음을 강하게 움직였다. 기도 응답은 아주 분명하고 확고했다.

엘리야는 기도를 통해 하나님과 복수에 대해 대화를 나누었다. 그의 시대는 복수의 시대였는데 그는 당시의 시대정신을 잘 구현한 인물이었다. 그의 시대에 중보기도를 하는 사람은 자비를 구하는 사람을 상징하는 연한 감람나무 가지로 옷 입지 않았다. 그런 사람은 공의와 진노의 전달자를 상징하는 불의 옷을 입었다.

엘리야는 아합 왕 앞에 불쑥 나타남으로써 우리의 주목을 끈다. 흔들림 없는 확신과 거룩한 담대함으로 충만한 엘리야는 놀라움과 두려움에 사로잡힌 왕에게 하나님의 엄중한 메시지를 전했다. 그가 뜨거운 기도를 통해 하나님께 받은 메시지는 "내가 섬기는 이스라엘의 하나님 여호와께서 살아 계심을 두고 맹세하노니 내 말이 없으면 수년 동안 비도 이슬도 있지 아니하리라"(왕상 17:1)라는 것이었다. 그가 비가 오지 않기를 간절히 기도했을 때, 하나님께서는 그 기도를 외면하지 않으셨다.

"내가 섬기는 이스라엘의 하나님"이라는 말에서 우리는 엘리야의 기도의 비결과 그의 인격을 엿볼 수 있다. 이와 관련하여 우리는 사가랴에게 했던 천사장 가브리엘의 말이 떠오른다. 가브리엘은 늙은 사가랴에게 그의 아내 엘리사벳과의 사이에서 아들이 태어날 것이라고 예언할 때, "나는 '하나님을 섬기는' 가브리엘이라"(눅 1:19. '하나님을 섬기는'이 한글 개역개정성경에서는 '하나님 앞에 서 있는'으로 번역되어 있다-역자 주)라고 말했다. 엘리야도 가브리엘처럼 하나님께 순종하려는 의지가 강했으며, 하나님의 영광을 드러내려는 열정으로 불탔다.

전능한 능력을 구하는 기도

엘리야의 기도는 놀라운 힘을 발휘했다. 그가 기도했을 때 3년 6개월 동안 비가 오지 않았다. 자연의 힘을 좌지우지할 수 있는 전능한 능력이 그의 기도를 통해 작용한 것이다.

그가 어떤 사람이기에 "수년 동안 비도 이슬도 있지 아니하리라"라고 선언할 수 있었을까? 그가 어떤 사람이기에 그렇게 할 수 있는 능력이 자신에게 있다고 주장할 수 있었을까? 만일 그의 주장이 거짓이라면, 그는 광신자이거나 미친 사람이었을 것이다. 또한 만일 그의 주장이 사실이라면, 그는 하나님의 허락하심으로 전능하신 분의 자비로운 팔 대신 일한 것이다.

비가 내리지도 않고 이슬도 맺히지 않는 낮과 밤이 오랜 시간 계속되자 땅은 마치 저주를 받은 것처럼 극심한 가뭄으로 인해 타들어갔다. 그런 일은 구름을 막아서고 복된 강우(降雨)를 저지한 사람이 얼마나 단호하고 강하고 견고하고 열정적이었는가를 보여준다. '엘리야'라는 이름은 '내 하나님은 여호와이시다'라는 뜻이다. 그가 이룬 기적은 그의 이름이 정말로 옳다는 것을 보여준다. 그의 기도는 유익한 자연현상까지도 막을 수 있는 능력을 보여주었다. 그런 점에서 그는 하나님의 일을 대신 한 것이다.

우리 주님의 형제 야고보는 침착하고 냉정하고 실제적인 사람이었는데 그런 야고보조차 그의 편지에서 다음과 같은 취지로 말했다.

"기도가 얼마나 큰 능력을 발휘할 수 있는지 엘리야의 경우를 보라. 엘리야처럼 기도하라. 의인은 기도의 힘을 최대한 선용해야 한다. 성도들과 죄인들과 천사들과 귀신들로 하여금 기도의 강력한 힘을 보고 느끼도록 하라. 선한 사람의 기도가 하나님의 마음을 움직여 큰 영향력을 발휘할 수 있다는 것을 보라."

모든 것을 담아 기도하라

엘리야는 기도하는 척하지 않았다. 그는 단순히 보여주기 위해서 기도한 것이 아니었다. 그의 기도는 힘없고 맥 빠진 형식적인 기도가 아니었다. 엘리야의 기도에는 그의 모든 것이 담겨 있다. 그는 혼신의 힘을 모두 쏟아 부어 기도했다. 그는 전능의 하나님을 피부로 느꼈다. 그에게 있어서 기도는 하나님의 큰 능력이 이 세상을 향해 쏟아지도록 만드는 방법이었다. 그에게 있어서 기도는 하나님의 이름을 변호하고, 하나님의 존재를 이 세상에 분명히 드러내고, 하나님의 이름을 욕되게 한 자들에게 복수하고, 땅에 떨어진 하나님의 법을 다시 세우고, 그분의 종들의 이름을 변호하는 확실한 수단이었다.

"그(엘리야)가 … 간절히 기도한즉"(약 5:17)이라는 번역이 영어

개역(RV) 성경에서는 "그의 기도 안에서 그가 기도한즉" 또는 "그의 기도로써 그가 기도한즉"이라고 번역되어 있다. 그러므로 엘리야는 모든 힘을 합하여 기도한 것이다!

엘리야의 기도에 담긴 모든 힘은 강하고 끈질기고 불가항력적인 것이었다. 약한 기도는 아무 결과도 낳지 못한다. 약한 기도는 하나님께 영광을 돌리지 못하고 사람에게 유익을 주지 못한다.

신비로운 세계로

엘리야는 하나님의 명령에 따라 그릿 시냇가에 숨어 있을 때 하나님께 새롭고 더 고차원적인 기도의 교훈을 배웠다. 아합 왕이 그를 찾기 위해 온 나라를 뒤졌을 때 그는 하나님과 교제를 나누고 있었을 것이다. 얼마 후 엘리야는 하나님의 명령에 따라 사르밧으로 갔고, 그곳에서 한 과부가 하나님의 뜻에 의해 그에게 음식을 주었다.

엘리야가 그곳으로 간 것은 그 과부와 엘리야 자신에게 유익이 되었다. 그 과부가 엘리야의 필요를 채워주었지만 또한 엘리야가 그녀의 필요를 채워주었다.

사실, 그녀의 환대로 인하여 엘리야가 받은 도움보다 엘리야가 기도로 그녀에게 준 도움이 더 컸다. 그녀는 남편 없는 과부로 가난과 싸우며 힘겹게 살아가고 있었는데 엘리야가 찾아가 그녀에게 도움을 준 것이다. 하지만 큰 시련과 슬픔이 그녀를 기다리고 있었다. 이에 대한 성경의 기록을 읽어보자.

> 이 일 후에 그 집 주인 되는 여인의 아들이 병들어 증세가 심히 위중하다가 숨이 끊어진지라 여인이 엘리야에게 이르되 하나님의 사람이여 당신이 나와 더불어 무슨 상관이 있기로 내 죄를 생각나게 하고 또 내 아들을 죽게 하려고 내게 오셨나이까 엘리야가 그에게 그의 아들을 달라 하여 그를 그 여인의 품에서 받아 안고 자기가 거처하는 다락에 올라가서 자기 침상에 누이고 여호와께 부르짖어 이르되 내 하나님 여호와여 주께서 또 내가 우거하는 집 과부에게 재앙을 내리사 그 아들이 죽게 하셨나이까 하고 그 아이 위에 몸을 세 번 펴서 엎드리고 여호와께 부르짖어 이르되 내 하나님 여호와여 원하건대 이 아이의 혼으로 그의 몸에 돌아오게 하옵소서 하니 여호와께서 엘리야의

소리를 들으시므로 그 아이의 혼이 몸으로 돌아오고 살아 난지라 엘리야가 그 아이를 안고 다락에서 방으로 내려가 서 그의 어머니에게 주며 이르되 보라 네 아들이 살아났 느니라 여인이 엘리야에게 이르되 내가 이제야 당신은 하 나님의 사람이시요 당신의 입에 있는 여호와의 말씀이 진 실한 줄 아노라 하니라 왕상 17:17-24

엘리야의 기도는 그전에 기도로 가보지 못했던 영역까지 뚫고 들어갔다. 그의 기도는 무섭고 신비롭고 강력한 죽은 자들의 세계까지 뚫고 들어갔다.

예수님도 엘리야가 사르밧 과부를 찾아간 사건에 대해 언급하셨다. 예수님은 그 사건이 그녀에게 유익이 되었다는 관점에서 주로 말씀하셨지만 비단 그 관점에서만 그 사건을 언급하신 것은 아니다. 아무튼 엘리야의 기도가 그녀에게 식량을 주었고 또 그녀의 아들을 그녀에게 되돌려주었다. 자식을 잃은 슬픔만큼 큰 슬픔이 어디에 있겠는가! 그녀에게 그런 큰 슬픔이 닥친 것을 본 엘리야가 어떻게 행동했는가? 그의 행동에는 조금도 주저함이 없었고 그의 믿음에는 조금도 유보적인 태도가 없었다.

    엘리야는 과부의 죽은 아들을 그가 거처하는 다락에 데리고 올라가 오직 하나님께 도움을 구했다. 그곳에서 하나님은 그를 만나주셨고 그는 오직 그분을 상대로 분투했다. 그의 기도의 몸부림은 너무나 격렬하고 너무나 숭고한 것이어서 다른 어떤 사람이 함께 나누거나 옆에서 지켜볼 수 없는 것이었다. 그는 오직 하나님께 기도했고 오직 그분께 응답을 받으려고 했다.

    죽은 자들의 영역을 다스리시는 하나님께서 그 죽은 아이를 떠맡으셨다. 살고 죽는 것이 그분의 손 안에 있었다. 엘리야는 하나님께서 그 아이를 떠맡으셨다고 믿었다. 또 엘리야는 그 아이의 혼이 몸으로 돌아오게 만들 수 있는 능력이 하나님께 있다고 믿었다.

    하나님께서는 그의 기도에 응답하셨다. 하나님께서 그를 보내셨다는 것과 그분의 말씀이 진리라는 것이 그 기도의 응답을 통해 증명되었다. 죽은 아이가 다시 살아난 것을 본 과부는 "내가 이제야 당신은 하나님의 사람이시요 당신의 입에 있는 여호와의 말씀이 진실한 줄 아노라"(왕상 17:24)라고 고백했다.

기도의 응답은 하나님의 존재와 그분의 말씀의 진실성을 증명해준다.

기적을 일으키는 기도

엘리야의 믿음과 기도가 갈멜 산 위에서 시험대에 올랐다. 믿음이 없는 왕, 믿음이 퇴보한 민족, 그리고 우상을 섬기는 제사장들 앞에서 있었던 그 시험에서 엘리야의 믿음과 기도가 찬란히 빛났다. 하나님의 참된 선지자와 우상숭배의 제사장들 사이의 싸움에서 바알 선지자들이 패했다. 바알 선지자들은 미친 듯 날뛰며 부르짖었지만 하늘에서 불이 내려오지 않았다.

그러나 엘리야는 매우 침착하고 확신에 찬 태도로 이스라엘 백성을 자기에게로 불러서 가까이 오게 했다. 그는 하나님의 무너진 제단, 즉 제사와 기도의 제단을 수축하고 송아지의 각을 떠서 제단 위에 올려놓았다. 그러고는 자신의 기도 응답이 속임수라는 비난이 쏟아질 것에 대비하여 온갖 조치를 취했다. 다시 말해서, 번제물과 나무에 물을 부었다. 그런 다음 모범적인 기도, 즉 분명하고 소박하고 솔직한 기도를 하나님께 드렸다. 그의 기도는 간결하면서도 믿음으로 충만한 기도였다. 성경의 기록을 읽어보자.

> 저녁 소제 드릴 때에 이르러 선지자 엘리야가 나아가서 말하되 아브라함과 이삭과 이스라엘의 하나님 여호와여 주께서 이스라엘 중에서 하나님이신 것과 내가 주의 종인 것과 내가 주의 말씀대로 이 모든 일을 행하는 것을 오늘 알게 하옵소서 여호와여 내게 응답하옵소서 내게 응답하옵소서 이 백성에게 주 여호와는 하나님이신 것과 주는 그들의 마음을 되돌이키심을 알게 하옵소서 하매 이에 여호와의 불이 내려서 번제물과 나무와 돌과 흙을 태우고 또 도랑의 물을 핥은지라 모든 백성이 보고 엎드려 말하되 여호와 그는 하나님이시로다 여호와 그는 하나님이시로다 하니 왕상 18:36-39

그전과 마찬가지로 엘리야는 하나님께 직접 말씀드렸다. 참된 기도는 언제나 하나님과 대화를 나누는 것이다. 엘리야의 이 기도는 참된 하나님의 존재를 확증해주었고, 하나님의 직접적 응답은 그분을 둘러싼 논쟁을 종식시켰다. 또한 하나님의 응답은 엘리야가 하나님이 보내신 사람이라는 것과 하나님이 사람들을 상대로 일하신다는 것을 증명해주었다. 만일 우리가 엘리야처럼 기도한다면 우리에게도 기적이 일어날 것이다. 그런 기도를 더욱 많이 드린다면 기적이 더 많이 일어나 우리는 기적에 익숙해질 것이다.

약속이 실현되다

엘리야처럼 기도하라. 그러면 하나님이 낯선 분으로, 멀리 계신 분으로, 행동이 약한 분으로 느껴지지 않을 것이다. 모든 것이 무기력하고 약한 것은 우리의 기도가 무기력하고 약하기 때문이다.

갈멜 산 사건이 있기 전에 여호와께서는 엘리야에게 "너는 가서 아합에게 보이라 내가 비를 지면에 내리리라"(왕상 18:1)라고 말씀하셨다. 엘리야는 하나님의 명령에 따라 즉시 가서 아합에게 보였다. 그는 아합과 이스라엘 백성과 바알과 적대 관계에 있었다. 이스라엘 백성도 하나님께 등을 돌린 상태였다. 온 나라가 어둠 속으로 빠져 들고 있었다. 비는 오지 않았다.

그러나 엘리야는 "약속이 실현되지 않았다"라고 말하지 않았다. 오히려 약속의 실현을 강조했다.

갈멜 산 사건이 어떻게 귀결되었는지를 성경에서 읽어보자.

> 조금 후에 구름과 바람이 일어나서 하늘이 캄캄해지며 큰 비가 내리는지라 아합이 마차를 타고 이스르엘로 가니 여호와의 능력이 엘리야에게 임하매 그가 허리를 동이고 이스르엘로 들어가는 곳까지 아합 앞에서 달려갔더라
>
> 왕상 18:45,46

약속은 실현되었다! 그것에 대해 야고보는 "(엘리야가) 다시 기도하니 하늘이 비를 주고 땅이 열매를 맺었느니라"(약 5:18)라고 선언했다.

엘리야가 뜨겁고 끈질기게 기도했을 때 하나님께서 약속을 이루어주시어 비가 내렸다. 약속이 아름다운 열매를 맺도록 하는 것이 기도이다. 약속이 지극히 크고 은혜로운 결과를 낳도록 만드는 것은 끝까지 인내하는 기도이다. 엘리야의 경우, 응답을 기대하고 결과를 소망하며 드린 끈질긴 기도가 열매

를 맺은 것이다. 엘리야의 기도 응답은 '사람의 손만한 작은 구름'(왕상 18:44)의 형태로 찾아왔다. 그는 실제로 비가 오기 전에도 이미 기도의 응답을 확신했다.

기도의 향로에 불을 지펴라

엘리야의 기도를 볼 때 우리는 우리의 힘없는 기도를 부끄러워하지 않을 수 없다. 그의 기도는 실제로 사건을 일으켰다. 그의 기도는 하나님께서 살아 계시다는 것을 보여주었고, 이스라엘 백성의 잠자는 신앙을 깨웠고, 하나님께서 여전히 이스라엘의 하나님이심을 증명했다. 그의 기도는 온 나라가 하나님께 돌아가도록 만들었고, 구름을 움직이게 했고, 비를 내리게 했다. 또 하늘에서 불이 내려오게 함으로써 하나님의 존재를 증명했고, 그분의 원수들을 멸했다.

이스라엘의 선지자들 중 선배 선지자라고 할 수 있는 엘리야의 기도는 불의 옷을 입었다. 그의 머리 위에는 금 면류관이 있었고, 그의 향로(香爐)는 기도의 불꽃과 노래와 향기로 충만했다. 엘리야에게 지극히 큰 능력의 옷이 입혀졌기 때문에 그가 병거를 타고 하늘로 오를 수 있었다. 여호와의 열정적 선지자 엘리야가 하늘로 오르기 위해 병거에 올라탈 때 엘리사가 "내 아버지여 내 아버지여 이스라엘의 병거와 그 마병이여"(왕하 2:12)라고 외친 것은 당연했다. 기도의 선지자 엘리야가 이스라엘을 위해 이룬 것은 병거들과 군대가 이룬 것보다 더 많았다. 기도는 전능하신 하나님의 능력을 움직이는 힘이요, 온 세상에 미치고 하늘에 도달하는 힘이다.

뜨거운 믿음으로 기도하여 엘리야의 기도의 향로에 불을 붙일 수 있는 신앙인들이 지금 어디에 있는가? 지금 우리에게 필요한 것은 엘리야의 기도의 향로에 불꽃과 향기가 충만하도록 뜨겁게 기도하는 교회의 지도자들이다. 엘리야는 기도 없이는 한 발짝도 움직이지 않았다. 하나님께서 그를 통해 강한 힘을 나타내신 것은 그의 기도가 강했기 때문이다.

갈멜 산에서 바알 선지자들과 싸울 때 엘리야는 누구의 하나님이 참된 하나님이신지를 가리자고 제안했는데, 그 방법은 바로 기도였다. 오늘날 사람들은 "하나님은 살아 계시는가? 성경은 그분이 주신 계시인가?"라고 자주 묻는다. 이런 질문들에 대한 대답이 반드시 필요한데 그런 대답을 얻으려면 오직 기도밖에 없다.

기도의 열정을 회복하라

오늘날 문제가 무엇인가? 하나님께 문제가 있는 것이 아니라 우리의 기도에 문제가 있다. 하나님과 그분의 존재에 대한 증거는 바로 하나님의 기도 응답이다. 하나님을 둘러싼 논쟁이 종식되려면 엘리야의 믿음과 기도가 필요하다. 오늘날 교회에 엘리야 같은 사람들이 있는가? 엘리야 같은 열정을 가지고 엘리야처럼 기도하는 사람들이 어디에 있는가? 엘리야 같은 열정을 가진 사람들은 많지만 엘리야처럼 기도하는 사람들은 어디에 있는가? 그가 갈멜 산에서 백성에게 하나님과 우상 사이에서 결단을 촉구하며 여호와의 제단을 수축할 때 얼마나 침착하고 확신 있게 행동했는지를 주목하라. 갈멜 산에서 드린 그의 기도가 얼마나 차분하고 분명했는가!

그런 그의 기도는 신약성경이 가르치는 절제의 원칙 같은 것들에서 벗어난 게 아니다. 그의 기도는 기도가 무엇인지를 보여주는 우리가 본받아야 할 기도이다. 그의 기도는 의인이 드리는 올바른 기도가 무엇을 이룰 수 있는지 보여주는 모범적인 기도이다. 지금도 엘리야 같은 사람들이 나타나서 엘리야처럼 기도한다면 큰일을 이룰 수 있을 것이다.

엘리야는 열정과 진정을 쏟아 부어 기도했다. 기도 같지 않은 기도들이 오늘날 얼마나 많은가? 오늘날 많은 기도들이 껍데기뿐이요 말뿐이다. 그런 것들은 사실상 기도가 아니라고 봐야 할 것이다. 이 세상에는 그런 기도들이 너무 많다. 그런 것들은 아무것도 이루지 못하고 아무 유익을 주지 못하고 아무 열매를 맺지 못한다. 그런 기도를 하면서 열매나 유익을 기대하는 것은 잘못이다.

참된 기도를 드리려면 성경적인 살아 있는 인격적 신앙이 있어야 한다. 이 세상에서 참된 신앙적 봉사를 하려고 해도 그런 신앙이 있어야 한다. 봉사할 때 가장 중요한 조건은 참된 마음으로 봉사해야 한다는 것이다. 기도할 때도 역시 참된 마음으로 기도해야 한다. 참된 마음이 기도의 핵심이요 기도의 본질이요 기도의 모든 것이요 기도의 중심이다.

온전히 솔직하고 진실한 마음으로 기도하지 않는다면 기도 응답의 가능성은 없다. 기도 같지 않은 기도들이 얼마나 많은가! 그런 기도들은 사람을 속이는 것이요 헛된 것이다.

PRAYER AND PRAYING MEN 5

1. 엘리야 선지자로부터 기도의 능력을 배우라.

불같이 뜨거운 기도를 드리는 엘리야의 모습을 보면 그가 초인처럼 보이기도 한다. 그러나 신약성경은 엘리야를 우리와 성정이 똑같은 사람이라고 증언하며, 그의 기도를 우리를 자극하는 기도의 모범으로 제시한다. 이 시대에 절실히 요구되는 것은 엘리야처럼 뜨겁게 기도하고 엘리야처럼 응답받는 것이다.

2. 힘없고 맥 빠진 기도가 아닌 혼신의 힘으로 기도하라.

엘리야는 기도하는 척하지 않았다. 그의 기도는 힘없고 맥 빠진 형식적인 기도가 아니었다. 엘리야의 기도에는 모든 것이 담겨 있었다. 그는 혼신의 힘을 쏟아 부어 기도했다. 그는 전능하신 하나님을 피부로 느꼈다. 약한 기도는 아무 결과도 낳지 못한다. 모든 것을 담은 기도를 드림으로써 하나님의 크신 능력이 이 세상을 향해 쏟아지도록 하라.

3. 엘리야처럼 기도할 때 우리에게도 기적이 일어날 수 있다.

엘리야의 기도는 실제로 사건을 일으켰다. 그의 기도는 하나님께서 살아 계심을 보여주었고, 이스라엘 백성의 잠자는 신앙을 깨웠고, 하나님께서 여전히 이스라엘의 하나님이심을 증명했다. 그의 기도는 비를 내리게 했고, 하늘에서 불이 내려오게 했으며, 죽은 자를 살리기도 했다. 이처럼 기도는 전능하신 하나님의 능력을 움직이는 힘이요, 온 세상에 미치고 하늘에 도달하는 힘이다.

✧

여호와여 내게 응답하옵소서 내게 응답하옵소서
이 백성에게 주 여호와는 하나님이신 것과 주는 그들의 마음을 되돌이키심을 알게 하옵소서
열왕기상 18장 37절

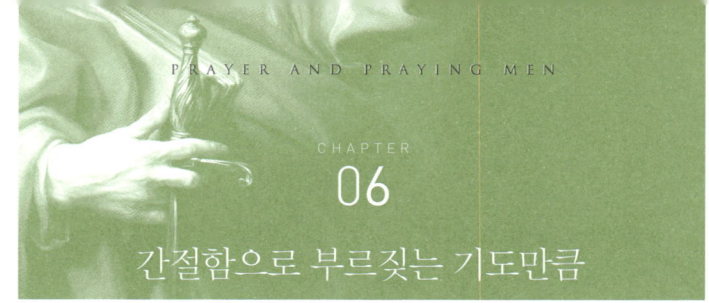

CHAPTER 06
간절함으로 부르짖는 기도만큼 강력한 힘은 없다

여호와 보시기에 정직한 히스기야

히스기야 왕과 이사야 선지자 때에 일어난 종교개혁은 기도 때문에 가능했다. 그 종교개혁의 다양한 단계에서 기도는 언제나 빠지지 않았다. 유대의 왕 히스기야는 흰 옷을 입고 금면류관을 쓴 하나님의 교회에서 기도의 귀감이다. 히스기야에게는 천재성과 힘과 지혜와 경건이 있었다. 그는 정치가요 장군이요 시인이요 종교개혁가였다.

그런데 그가 우리에게 놀라운 존재로 인식되는 것은 그의 천재성이나 힘보다는 그의 경건 때문이다(사실, 천재성이나 힘은 왕에게 당연히 요구되는 자질이었다). 그의 경건은 그와 관련된 모든 상황에서 발견된다. 그의 조상들이 어떤 사람들이었고 그의 환경이 어떠했는지를 잘 아는 우리로서는 "히스기야가 … 여호와께서 보시기에 정직하게 행하여"(왕하 18:3)라는 평가 앞에서 기쁨과 흥분을 감출 수 없다. 그의 출신 배경이 어떠했는가? 그는 어떤 환경에서 성장했는가? 그의 부모는 어떤 사람들이었고, 그들의 신앙은 어떠했는가? 그의 아버지와 할아버지와 증조할아버지가 했던 통치의 특징은 세속성과 종교적 냉담과 철저한 배교(背敎)였다. 그가 성장할 때의 가정 분위기는 하나님을 향한 경건과 믿음에 결코 호의적이지 않았다.

그런데 히스기야에게 유리하게 작용한 것이 딱 하나 있었다. 그것은 그가 유다의 왕에 올랐을 때 이사야 선지자를 그의 친구로 또 고문으로 삼을 수 있었다는 것이다. 국가의 통치자가 하나님을 경외하는 사람을 친구이자 고문으로 삼았다는 것은 말로 다 표현할 수 없을 정도로 유익한 일이다!

유월절에 히스기야가 친숙한 기도로 하나님께 중보기도를 드려 응답을 받은 경우가 있었다. 유월절이 되었지만 일부 사람들이 유월절에 참여하기에 적절하지 못하다는 사실이 밝혀졌다. 그들은 의식적(儀式的) 정결을 통해 준비를 갖추어야 했음에도 불구하고 그렇게 하지 못했다. 하지만 결국 그들은 다른 모든 사람들과 함께 유월절 양을 먹었다.

히스기야가 그들을 위해 어떻게 기도했고 그 결과가 어떻게 되었는지를 성경에서 읽어보자.

> 회중 가운데 많은 사람이 자신들을 성결하게 하지 못하였으므로 레위 사람들이 모든 부정한 사람을 위하여 유월절 양을 잡아 그들로 여호와 앞에서 성결하게 하였으나 에브라임과 므낫세와 잇사갈과 스불론의 많은 무리는 자기들을 깨끗하게 하지 아니하고 유월절 양을 먹어 기록한 규례를 어긴지라 히스기야가 그들을 위하여 기도하여 이르되 선하신 여호와여 사하옵소서 결심하고 하나님 곧 그의 조상들의 하나님 여호와를 구하는 사람은 누구든지 비록 성소의 결례대로 스스로 깨끗하게 못하였을지라도 사하옵소서 하였더니 여호와께서 히스기야의 기도를 들으시고 백성을 고치셨더라 대하 30:17-20

그렇다! 유월절의 지극히 거룩한 법을 어긴 사람들조차 히

스기야의 기도 때문에 하나님께 용서를 받은 것이다. 여호와께서는 그분을 경외하며 기도하는 왕의 기도를 들으셨다. 율법은 그것의 규(圭, scepter)를 기도에 넘겨주어야 한다.

가장 강력한 군대

히스기야의 믿음과 기도의 힘과 진정성과 뿌리를 잘 드러낸 것이 있는데, 그것은 히스기야가 자신의 군대에 한 연설이다. 기념비적인 그의 연설은 앗수르 왕 산헤립의 모든 군대보다 더 강하고 힘 있는 것이었다.

> 너희는 마음을 강하게 하며 담대히 하고 앗수르 왕과 그를 따르는 온 무리로 말미암아 두려워하지 말며 놀라지 말라 우리와 함께하시는 이가 그와 함께하는 자보다 크니 그와 함께하는 자는 육신의 팔이요 우리와 함께하시는 이는 우리의 하나님 여호와시라 반드시 우리를 도우시고 우리를 대신하여 싸우시리라 하매 백성이 유다 왕 히스기야의 말로 말미암아 안심하니라 대하 32:7,8

하나님의 원수의 강력한 군대에 대항하여 싸울 수 있는 히스기야의 수단은 바로 기도였다. 히스기야의 군대는 약했지만 그의 기도는 그의 원수를 낙심에 빠뜨리고 멸했다. 하나님 백성의 통치자가 '기도의 왕'일 때에는 언제나 그 백성이 안전했다.

위기의 순간 가장 먼저 기도하라

앗수르의 군대가 쳐들어온 것은 유다의 국가적 위기였다. 그것은 하나님에 대한 그의 믿음을 시험하는 시험대였고, 또 기도의 구원 능력을 시험하는 기회가 되기도 했다. 강력한 원수의 공격 앞에 유다의 운명은 풍전등화였다. 유다 사람들이 패하여 포로로 잡혀갈 것 같았다. 앗수르의 왕은 그의 군대를 보내어 하나님께 도전하고 그분의 이름을 욕되게 했으며, 히스기야를 모욕했다. 그들은 불경스런 말과 모욕의 말을 공개적으로 쏟아냈다. 그런 상황에서 히스기야가 어떻게 했는지에 대해 성경은 다음과 같이 말한다.

> 히스기야 왕이 듣고 그 옷을 찢고 굵은 베를 두르고 여호

여의 전에 들어가서 왕하 19:1

그가 제일 먼저 한 일은 '기도의 집'으로 들어가 하나님을 의지한 것이었다. 풍전등화의 위기에서 그는 하나님을 생각했다. 그가 볼 때 제일 먼저 해야 할 일은 바로 기도였다! 그는 자신의 신하들을 이사야 선지자에게 보내어 기도를 부탁했다. 국가적 위기 때에 하나님을 생각하지 않는다는 것은 있을 수 없는 일이었다. 하나님과 그분의 백성을 모욕한 원수에게서 벗어나 구원을 얻으려면 그분께 호소하는 수밖에 없다.

당시 중대한 시점에 히스기야를 포위하고 있던 앗수르의 군대는 다른 일 때문에 즉시 예루살렘을 공격하지는 못했다. 그렇지만 앗수르 왕은 비방과 불경스런 말이 가득한 편지를 히스기야에게 보냈다.

이방나라의 왕의 군대에 포위된 상황에서 모욕을 당한 히스기야는 다시 여호와의 전(殿), 즉 '기도의 집'으로 들어갔다. 그가 그곳 말고 어디로 가겠는가? 이스라엘의 하나님 말고 다른 누구에게 호소하겠는가? 그는 다음과 같이 기도했다.

> 히스기야가 사자의 손에서 편지를 받아보고 여호와의 성전에 올라가서 히스기야가 그 편지를 여호와 앞에 펴놓고 그 앞에서 히스기야가 기도하여 이르되 그룹들 위에 계신 이스라엘의 하나님 여호와여 주는 천하만국에 홀로 하나님이시라 주께서 천지를 만드셨나이다 왕하 19:14,15

> 우리 하나님 여호와여 원하건대 이제 우리를 그의 손에서 구원하옵소서 그리하시면 천하만국이 주 여호와가 홀로 하나님이신 줄 알리이다 하니라 왕하 19:19

하나님을 경외한 왕의 기도가 얼마나 빨리 응답받았는지를 보라. 그의 기도가 얼마나 놀라운 결과를 낳았는지를 보라. 이사야 선지자는 히스기야에게 아무것도 두려워할 필요가 없다고 안심시켰다. 왜냐하면 하나님께서 그의 기도를 듣고 큰 구원을 베푸실 것이기 때문이었다.

여호와의 사자가 신속히 임하여 18만 5천 명의 앗수르 군사를 쳤다. 그로 인하여 하나님께서 영광을 받으셨고 히스기야 왕의 문제가 해결되었으며 그의 백성이 구원을 받았다.

기도하는 왕과 기도하는 선지자가 힘을 합하여 기도했을 때 전능하신 하나님께서 그분의 백성을 구원하시고 그분의 원수를 멸하셨다. 앗수르 군대는 손가락 하나 움직일 수 없는 시체로 변했다. 하나님의 복수의 능력으로 무장하고 신속히 행동하는 그분의 사자가 유다 민족의 동맹군이었다.

죽음의 위기 앞에서

히스기야는 기도의 힘으로 우상을 파괴하고 그의 왕국을 개혁한 사람이었다. 원수에 맞서 싸울 때 히스기야의 최고 무기는 기도였다. 그런 그가 새로운 시험대에 오르게 되었다. 전능하신 하나님의 분명한 선포의 말씀이 그에게 임했는데, 그 일로 인하여 그는 기도의 능력을 다시 시험해볼 수밖에 없었다. 과연 기도가 그의 새로운 문제를 해결해줄 수 있었는가? 당시의 상황으로 돌아가 보자.

히스기야가 병이 들었다. 하나님께서는 그의 오랜 친구이자 지혜로운 고문인 이사야 선지자를 그에게 보내셨다. 이사야는 히스기야에게 그가 얼마 안 가서 죽을 것이므로 그의 집을 정리하라는 말씀을 전했다. 이 일에 대한 기록을 읽어보자.

> 그때에 히스기야가 병들어 죽게 되매 아모스의 아들 선지자 이사야가 그에게 나아와서 그에게 이르되 여호와의 말씀이 너는 집을 정리하라 네가 죽고 살지 못하리라 하셨나이다 왕하 20:1

 히스기야가 죽을 것이라는 하나님의 예언이 그에게 임했다. 무엇이 하나님의 결정을 뒤집거나 유보할 수 있을까? 히스기야는 그토록 분명히 전달된 하나님의 결정 앞에 서게 되었다. 전에 겪어보지 못한 불가항력적 상황에 빠진 것이다. 기도가 하나님의 계획을 바꿀 수 있을까? 기도에게 죽기로 결정된 자를 죽음의 문턱에서 다시 되돌릴 수 있는 능력이 있을까? 기도가 불치병을 치료해줄 수 있을까? 이런 질문에 대해 히스기야가 믿음으로 대답을 해야 할 상황이 임한 것이다.
 내가 볼 때 그의 믿음은 한순간도 머뭇거리지 않았다. 여호와의 선지자가 전해준 갑작스런 비보(悲報)를 접했을 때, 히스기야의 믿음은 한순간도 흔들리지 않았다. 불신앙과 의심에 빠진 현대인들이 던질 법한 질문들을 그는 생각하지 않았다. 선지자의 메시지를 들었을 때 히스기야는 즉시 전심으로 기도했다. 히스기야는 자신에게 임박한 죽음을 선언하신 그 하나님께 주저 없이 호소했다. 하나님 외에 그 누구에게 갈 수 있었겠는가?

하나님께서 원하시면 하나님의 계획이 바꾸어질 수 있을까? 절체절명(絶體絶命)의 상황에서 히스기야가 어떻게 했는지를 성경에서 읽어보자.

> 히스기야가 낯을 벽으로 향하고 여호와께 기도하여 이르되 여호와여 구하오니 내가 진실과 전심으로 주 앞에 행하며 주께서 보시기에 선하게 행한 것을 기억하옵소서 하고 히스기야가 심히 통곡하더라 왕하 20:2,3

하나님의 마음을 움직이는 기도

히스기야는 자기의(自己義)를 내세우며 병의 치료를 구한 것이 아니다. 그는 자기가 하나님께 충성했다는 사실을 그분께 말씀드린 것이다. 이것은 훗날 그리스도께서 하나님 아버지께 드린 말씀을 생각나게 한다. 예수님은 그분의 아버지께 "내가 … 아버지를 이 세상에서 영화롭게 하였사오니"(요 17:4)

라고 말씀하셨다.

히스기야는 그의 진실성과 충성과 봉사를 기억해달라고 하나님께 호소한 것인데, 그것은 모든 면에서 정당한 것이었다. 이 기도에서 보이는 그의 태도는 시편 26편 1절에 나오는 다윗의 태도와 일맥상통한다. 다윗은 "내가 나의 완전함에 행하였사오며 흔들리지 아니하고 여호와를 의지하였사오니 여호와여 나를 판단하소서"(시 26:1)라고 기도했다.

죽음을 목전에 둔 히스기야가 기도한 사건은 그의 기도의 능력을 시험한 사건이 아니며 그의 믿음을 치료하기 위한 사건도 아니다. 그 사건은 하나님이 어떤 분이신지를 드러낸 사건이다. 오직 하나님만이 문제를 해결해주실 수 있다는 것이 그 사건을 통해 드러났다.

히스기야가 기도를 끝내자마자, 또 이사야 선지자가 집으로 돌아가려고 길을 떠나자마자 하나님께서는 히스기야에게 줄 메시지를 이사야에게 들려주셨다. 그 메시지는 힘이 솟게 만드는 즐거운 소식이었다. 기도의 강력한 힘이 하나님의 마음을 움직였고, 하나님께서 이미 내리신 예언을 바꾸었고, 히스기야를 향한 그분의 계획을 뒤집었다.

기도가 할 수 없는 것이 무엇인가? 기도하는 사람이 기도를 통해 이루지 못할 것이 무엇인가? 히스기야의 기도가 어떤 결과를 낳았는지를 살펴보자.

> 이사야가 성읍 가운데까지도 이르기 전에 여호와의 말씀이 그에게 임하여 이르시되 너는 돌아가서 내 백성의 주권자 히스기야에게 이르기를 왕의 조상 다윗의 하나님 여호와의 말씀이 내가 네 기도를 들었고 네 눈물을 보았노라 내가 너를 낫게 하리니 네가 삼일 만에 여호와의 성전에 올라가겠고 내가 네 날에 십오 년을 더할 것이며 내가 너와 이 성을 앗수르 왕의 손에서 구원하고 내가 나를 위하고 또 내 종 다윗을 위하므로 이 성을 보호하리라 하셨다 하라 하셨더라 왕하 20:4-6

히스기야의 기도는 하나님께 드려진 기도였다. 그 기도 때문에 하나님께서는 다시 생각하시어 그분의 결정을 바꾸셨다. 히스기야에게 두 번째 메시지를 전한 이사야가 집으로 돌아갈 때에는 마음이 한결 가벼웠을 것이다. 만일 두 번째 메시지가 없었다면 그는 무거운 마음으로 집으로 돌아갔을 것이다.

네 기도를 들었고 네 눈물을 보았노라

병에 걸린 히스기야 왕은 하나님께 그분의 뜻을 돌이켜 달라고 기도드렸고, 그분은 무한한 자비를 베푸시어 그의 기도에 응답하셨다. 때때로 하나님께서는 그분의 뜻을 바꾸신다. 그렇게 하실 수 있는 권리가 그분께 있다.

물론, 하나님께서 뜻을 바꾸시려면 확실한 이유가 있어야 한다. 하나님의 종 히스기야는 그 확실한 이유를 만들었다. 그는 하나님을 위해 많은 일을 이룬 충성스런 종이었다. 그의 봉사와 삶을 지배한 특징은 진실성과 온전함과 선함이었다. 하나님께서 그분의 종의 생명을 거두어 가시려고 했을 때 그의 기도와 눈물이 가로막았다. 기도와 눈물은 그분의 마음을 움직일 수 있는 강한 것이다. 한 번 말씀하신 것을 끝까지 이루시는 초지일관(初志一貫)보다 그분께 훨씬 더 중요한 것은 기도와 눈물이다. 이미 선포된 그분의 뜻보다 그분께 훨씬 더 중요한 것은 기도와 눈물이다. 그렇기 때문에 그분은 "내가 네 기도를 들었고 네 눈물을 보았노라 내가 너를 낫게 하리니"(왕하 20:5)라고 말씀하셨다.

질병은 기도 앞에서 사라진다. 기도의 응답으로 찾아오는 것은 건강이다. 하나님께서는 히스기야가 구한 것보다 더 많은 것을 주셨다. 그가 하나님께 오직 목숨을 구했지만 그분은 그에게 목숨을 주셨을 뿐만 아니라 "내가 너와 이 성을 앗수르 왕의 손에서 구원하고 … 보호하리라"(왕하 20:6)라고 약속하셨다.

하나님의 치료방법

그런데 기도한 왕의 회복을 위해 이사야가 할 일이 있었다. 그에게 기도 외에 어떤 다른 것이 요구되었다. 기도의 사람 이사야는 의사의 솜씨를 발휘했다. 성경은 "이사야가 이르되 무화과 반죽을 가져오라 하매 무리가 가져다가 그 상처에 놓으니 나으니라"(왕하 20:7)라고 말한다.

종종 하나님께서는 기도에 응답하실 때 어떤 종류의 치료법을 사용하신다. 모든 인간의 방법들을 거부하는 것보다 그것들을 적절히 이용하는 것이 더 큰 믿음을 요구하는 일일 수도 있다. 히스기야 왕의 상처에 무화과 반죽을 놓는 것은 간단한 치료법이었다. 누가 보기에도 그것은 불치병의 치료방법이 아니라 믿음을 돕거나 시험하는 방법이었다. 히스기야와 이사야에게는 더 많은 기도가 필요했다. 그들은 많은 기도 없이는 아무것도 할 수 없는 사람들이었다.

> 히스기야가 이사야에게 이르되 여호와께서 나를 낫게 하시고 삼일 만에 여호와의 성전에 올라가게 하실 무슨 징표가 있나이까 하니 이사야가 이르되 여호와께서 하신 말씀을 응하게 하실 일에 대하여 여호와께로부터 왕에게 한 징표가 임하리이다 해 그림자가 십도를 나아갈 것이니이까 혹 십도를 물러갈 것이니이까 하니 히스기야가 대답하되 그림자가 십도를 나아가기는 쉬우니 그리할 것이 아니라 십도가 뒤로 물러갈 것이니이다 하니라 선지자 이사야가 여호와께 간구하매 아하스의 해시계 위에 나아갔던 해 그림자를 십도 뒤로 물러가게 하셨더라 왕하 20:8-11

히스기야는 위기를 넘겼고 하나님의 기도 응답에 대해 감사했다. 감사의 아름다운 향기가 넘쳤고 수금 소리가 울려 퍼졌다.

우리는 언제나 네 가지를 기억해야 한다.

첫째, 하나님께서 우리의 기도를 들으신다.

둘째, 하나님께서 우리의 기도에 주목하신다.

셋째, 하나님께서 우리의 기도에 응답하신다.

넷째, 하나님께서 우리의 기도를 통해 구원하신다.

이 네 가지는 항상 기억해야 한다. 기도는 하나님의 성도들을 가로막고 있는 모든 빗장을 풀고 모든 사슬을 끊어버리고 모든 옥문을 열고 모든 곤경을 타파한다.

간절한 기도의 능력

히스기야는 사는 것이 즐거웠고 더 살기를 원했지만 그에게 죽음이 임박했다는 예언이 임했다. 그의 죽음을 결정하신 하나님의 뜻을 바꾸게 한 것은 무엇인가? 오직 신앙의 힘이었다. 임박한 죽음의 압박감이 그의 마음을 깨뜨렸다. 그러나 물같이 쏟아진 그의 마음은 그냥 흘러간 것이 아니라 세찬 기도의 물결을 이루었다. 말로 다 표현할 수 없는 간절함과 확고한 논리를 내세우며 그는 하나님께 간구했다. 하나님은 그의 기도를 들으시고 그의 눈물을 보시고 그분의 마음을 바꾸셨다. 히스기야는 살아서 하나님을 찬양했고, 간절한 기도의 능력을 보여주는 모범이 되었다.

히스기야처럼 기도한 사람이 또 있었는데, 그는 바로 사도 바울이었다. 힘들이지 않고 점잖게 기도하는 것은 바울에게 어울리지 않았다. 기도할 때 그는 마치 씨름하는 사람처럼 달려들었다. 그는 믿음의 형제들에게 고통스런 기도의 싸움에 동참하라고 권했다. 그는 그들에게 "형제들아 내가 우리 주 예수 그리스도와 성령의 사랑으로 말미암아 너희를 권하노니 너희 기도에 나와 힘을 같이하여 나를 위하여 하나님께 빌어"(롬 15:30)라고 말했다.

또한 바울은 물불을 가리지 않는 태도로 기도에 임했기 때문에 점잖게 기도하는 것을 좋아하지 않았다. 그는 고통스러울 정도로 기도에 임했다. 그리고 그의 믿음의 형제들에게 이런 기도의 싸움에 동참하라고 권했다. "에바브라가 … 항상 너희를 위하여 애써 기도하여 너희로 하나님의 모든 뜻 가운데서 완전하고 확신 있게 서기를 구하나니"(골 4:12)라는 바울의 말에서 알 수 있듯이, 에바브라는 골로새의 교인들을 위해 전투적 기도를 드렸다. 하나님의 모든 뜻 가운데서 완전하고 확신 있게 서는 것은 고통스런 기도를 통해서라도 얻어야 할 가치 있는 것이다. 사도들의 교회가 그토록 순수하고 능력으로 충만했던 이유들 중 하나는 당시의 목회자들이 그토록 뜨겁게 기도했기 때문이다. 바로 그런 기도를 히스기야가 드렸던 것이다!

강력한 영적 갈망을 지니라

히스기야의 기도는 불같이 뜨거운 소원에서 나온 기도였다. 기도 응답을 방해하는 것들과 싸우는 고통스런 과정을 통해 태어난 기도였다. 그러나 우리의 영적 갈망은 기도의 싸움에서 이길 힘을 줄 만큼 강하지 못하다. 우리의 영적 갈망이 우리를 온전히 사로잡지 못하기 때문에 우리는 돈벌이에 급급하고 세상의 재미를 추구하고 게으름을 피운다. 골방으로 들어가서 오직 하나님 앞에서 기도의 씨름을 하여 온갖 대적을 제압하고 지옥의 세력을 이기려면 영적 갈망으로 충만해야 한다. 기도의 복과 유익과 한없는 능력을 보여줄 목회자와 성

도들이 지금 우리에게 필요하다

  이사야는 스스로 분발하여 하나님을 붙드는 자가 없다고 한탄했다. 기도하는 사람들이 많았지만 그들의 기도는 너무 편한 기도요, 차가운 기도요, 자만(自滿)에 빠진 기도였다. 하나님을 간절히 찾는 영혼이 없었다. 하나님께 나아가 하나님을 붙들고 영적 목적에 사용할 보화를 얻기 위해 그분께 간구하는, 그 일에 모든 거룩한 에너지를 투자하는 사람이 없었다. 힘없는 기도는 어려움을 극복하지 못하고, 확실한 결과를 이끌어내지 못하며, 온전한 아름다운 승리를 얻지 못한다.

PRAYER AND PRAYING MEN 6

1. 철저히 하나님만 의지하는 기도는 어떠한 군대보다 더 강력하다.

앗수르의 군대와 전쟁이 일어났을 때 히스기야는 하나님 앞에 간절히 기도했다. 강력한 앗수르 군대에 대항하여 싸울 수 있는 히스기야의 가장 강력한 무기는 바로 '기도'였다. 위기의 순간에 그는 가장 먼저 '기도의 집'으로 들어가 하나님께 기도했다. 그의 기도는 결국 그의 원수를 낙심에 빠뜨리고 멸했다.

2. 하나님은 전심으로 드리는 기도를 외면하지 않으신다.

히스기야가 병이 들어 죽게 되는 위기 가운데 놓인 적이 있다. 그때 히스기야의 믿음은 한순간도 흔들리지 않았다. 그는 불신앙과 의심에 빠진 현대인들이 던질 법한 질문을 떠올리지 않았다. 그는 자신에게 임박한 죽음을 선언하신 하나님께 주저 없이 호소하며 매달렸고, 결국 생명을 연장 받았다. 이 사건을 통해 우리는 오직 하나님만이 문제를 해결해주시는 분임을 알 수 있다.

3. 강력한 영적 갈망이 강력한 기도를 드리게 한다.

히스기야의 기도는 불같이 뜨거운 소원에서 나온 기도였다. 기도 응답을 방해하는 것들과 싸우는 고통스런 과정을 통해 태어난 기도였다. 그러나 우리의 영적 갈망은 기도의 싸움에서 이길 힘을 줄 만큼 강력하지 못하다. 우리는 영적 갈망으로 충만해야 한다. 영적 갈망이 없는 기도는 너무 편한 기도요, 차가운 기도요, 자만에 빠진 기도이다. 이러한 기도에는 어떠한 힘도 없음을 기억해야 한다.

✣

여호와여 구하오니 내가 진실과 전심으로 주 앞에 행하며
주께서 보시기에 선하게 행한 것을 기억하옵소서 하고 히스기야가 심히 통곡하더라

열왕기하 20장 3절

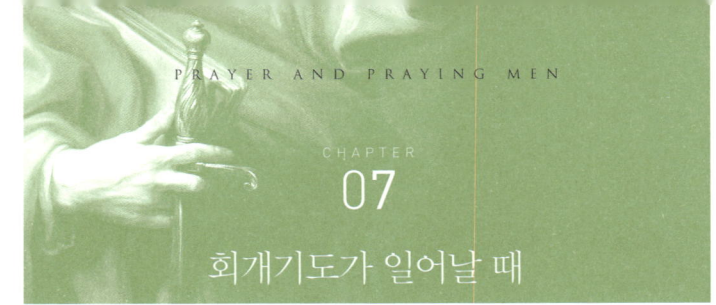

CHAPTER 07

회개기도가 일어날 때
진정한 영적 부흥이 온다

민족의 죄악 앞에서

하나님의 위대한 개혁가들 중 한 사람이요 제사장이었던 에스라는 구약에서 역경을 극복하고 선한 일을 이룬 '기도의 사람'의 모습으로 우리에게 나타난다.

에스라 선지자는 이상하게도 자신에게 호의적인 태도를 보이며 많은 면에서 그에게 도움을 준 바벨론 왕의 후원 아래 바벨론에서 예루살렘으로 돌아왔다. 하지만 그가 예루살렘으로 돌아온 지 며칠 안 되었을 때 방백들이 그에게 찾아와 참담한 소식을 전했다. 그들에 따르면, 이스라엘 백성이 그 땅의 사람들에게서 떠나지 아니하고 오히려 이방나라의 가증한 일을 행한다는 것이었다. 가장 나쁜 것은 이스라엘 방백들과 지도자들이 그런 죄악에 앞장섰다는 것이다.

에스라는 세상 속에 빠져 버린 교회의 슬픈 모습을 보았다. 어떤 시대에나 하나님께서는 교회가 세상과 분리될 것을 요구하신다. 하나님께서는 교회와 세상 사이에 적대 관계가 생길 정도까지 분리되라고 요구하신다. 이스라엘을 세상에서 분리시키기 위해 하나님은 그들을 약속의 땅에 두셨고, 그들과 이방 나라 사이를 산과 사막과 바다로 막으셨다. 뿐만 아니라 그들이 결혼이나 사회적 활동이나 상업적 거래 등을 통해 이방 나라들과 관계 맺는 것을 엄히 금하셨다.

그러나 바벨론에서 돌아온 에스라의 눈에 보인 교회는 마비 상태에 빠진 교회였다. 이방 나라들과의 관계를 금하신 하나님의 명령을 어긴 이스라엘 민족의 신앙은 절망적이게도 완전히 땅에 떨어진 상태였다. 그들은 결혼이나 사회적 활동이나 상업적 거래를 통해 이방 나라들과 깊은 관계를 맺고 있었다. 이스라엘의 모든 사람들이 다 그러했다. 제사장, 레위인, 방백, 그리고 일반 백성이 모두 그러했다. 백성의 가정생활과 영리적 활동과 종교생활 속에 이방 나라들의 영향이 깊이 뿌리를 내리고 있었다. 그런 상황에서 에스라는 어떻게 해야 했는가? 이스라엘의 지도자 에스라가 무엇을 할 수 있었는가? 하나님의 사람 에스라는 중대한 위기에 처해 있었다.

에스라의 눈에는 교회의 회복을 방해하는 것들이 너무 많아 보였다. 그런 상황에서 에스라가 설교하는 것은 힘든 일이었는데 그럴 경우 백성들이 분노하여 그를 쫓아낼 수 있기 때문이다. 그런 상황에서 무엇이 그들의 마음을 움직여 하나님께 돌아오도록 만들 수 있었을까? 그들이 이방나라들과 맺었던 상업적 거래를 끊고 이방인 아내나 이방인 남편과 이혼하고 이방인들과의 이런저런 관계를 단절하도록 만들려면 어떻게 해야 했을까?

우리가 에스라에게서 주목해야 할 첫 번째 사항은 그가 당시의 상황이 얼마나 심각한지를 정확히 꿰뚫어보았다는 것이다. 그는 교회의 잘못된 점을 보지 못하는 맹목적 낙관주의자가 아니었다. 이사야 선지자의 입을 통해 선포된 하나님의 말씀, 즉 "맹인이 누구냐 내 종이 아니냐"(사 42:19)라는 말씀은 정곡을 찌르는 말씀이었다. 그러나 이 말씀이 적어도 에스라에게는 적용되지 않는다. 에스라는 사태의 심각성을 누그러뜨리려고 하지 않았다. 그는 백성의 죄를 감추거나 축소시키려고 하지 않았다. 그들의 죄가 그의 눈에는 매우 심각하게 보였다.

이 시대의 악을 볼 뿐만 아니라 교회의 죄를 볼 수 있는 눈을 가진 지도자들이 시온에 있다면 그것은 매우 큰 유익이 된다. 지금 교회에 절실히 필요한 지도자는 에스라와 같은 지도자이다. 지금 교회에는 영적 눈이 멀지 않은 지도자, 교회의 상태를 정확히 보는 지도자, 현실을 직시하길 거부하지 않는 지도자가 필요하다.

교회 안에 있는, 그리고 예루살렘 사회 안에 있는 무서운 악을 보았을 때 에스라가 큰 고통을 느낀 것은 아주 당연했다. 당시의 현실을 직시한 그는 큰 슬픔에 빠졌다. 너무 슬퍼서 그는 속옷과 겉옷을 찢고 머리털과 수염을 뜯으며 기가 막혀 앉아 있었다. 이런 그의 행동은 당시의 끔찍한 상황을 보고 얼마나 큰 충격을 받았는지 잘 보여준다.

에스라의 회개기도 운동

큰 충격과 불안과 걱정에 사로잡힌 그는 기도에 몰두했다. 그는 백성의 죄를 고백하며 하나님의 용서의 자비를 구했다.

그런 상황에서 그가 누구에게 갈 수 있겠는가? 기도를 들으시는 하나님, 기꺼이 용서하시는 하나님, 놀라운 일을 이루시는 하나님 말고 누구에게 갈 수 있겠는가?

백성의 사악한 행위를 알게 된 에스라는 말로 다 표현할 수 없을 정도로 놀랐다. 큰 충격을 받은 그는 금식하며 기도하기 시작했다. 금식기도는 언제나 열매를 맺는다. 그는 상한 마음으로 기도했는데, 왜냐하면 그밖에 다른 것을 할 수 없었기 때문이다. 마음에 큰 부담을 느낀 그는 땅에 엎드려 울면서 하나님께 기도했는데 그때 온 성이 그의 기도에 동참했다.

하나님의 진노를 풀어드릴 수 있는 유일한 방법은 기도였다. 에스라는 그분의 마음을 움직여 놀라운 결과를 이끌어냈다. 그때 일어난 일과 그것의 원리와 결과에 대해 에스라서 10장 1절이 잘 요약해주고 있다.

> 에스라가 하나님의 성전 앞에 엎드려 울며 기도하여 죄를 자복할 때에 많은 백성이 크게 통곡하매 이스라엘 중에서 백성의 남녀와 어린아이의 큰 무리가 그 앞에 모인지라 스 10:1

에스라의 기도는 강하고 단순하고 끈질긴 기도였다. 하나님의 보좌에 상달하는 뜨거운 그 기도는 그것의 목적을 달성했다. 에스라의 기도는 하나님을 위해 큰일을 이루었고 큰 열매를 맺었다. 그의 기도는 힘 있는 기도였다. 이는 전능하신 하나님께서 그의 기도를 듣고 그분의 일을 이루셨기 때문이다. 하나님의 역사하심과 우리의 기도가 없다면 그분의 일은 이루어지지 않는다. 반면, 기도가 있다면 절망이 없는데 왜냐하면 하나님께 절망이 없기 때문이다.

기도 없이 열매는 없다

이제 우리가 다시금 고백하지 않을 수 없는 것은 기도가 하나님의 마음을 움직인다는 것이다. 기도가 열매를 맺을 수 있는 것은 기도가 그분의 마음을 움직이기 때문이다. 에스라의 기도가 에스라 자신에게 어떤 영향을 미쳤는지는 그렇게 중요하지 않다. 중요한 것은 에스라의 기도가 중요한 결과를 낳았다는 것이다(물론, 그것들이 그의 기도의 유일한 결과들은 아닐 것이다). 그런 결과들이 나올 수 있었던 것은 하나님께서 그의 기도를 듣고 마음이 움직여 그분의 일을 이루셨기 때문이다.

에스라의 기도는 큰 회개 운동을 낳았고 이스라엘 개혁의 계기가 되었다. 그의 탄식과 기도는 그런 위대한 일들이 일어날 수 있는 토대가 되었다. 그때 이스라엘에 일어난 부흥이 얼마나 철저하고 진실했는지를 보여주는 사건이 일어났는데, 그것은 이스라엘의 지도자들이 에스라에게 와서 다음과 같이 말한 사건이다.

> 우리가 우리 하나님께 범죄하여 이 땅 이방 여자를 맞이하여 아내로 삼았으나 이스라엘에게 아직도 소망이 있나니 곧 내 주의 교훈을 따르며 우리 하나님의 명령을 떨며 준행하는 자의 가르침을 따라 이 모든 아내와 그들의 소생을 다 내보내기로 우리 하나님과 언약을 세우고 율법대로 행할 것이라 이는 당신이 주장할 일이니 일어나소서 우리가 도우리니 힘써 행하소서 하니라 스 10:2-4

PRAYER AND PRAYING MEN 7

1. 지도자에게는 민족의 죄악을 볼 수 있는 영적 눈이 필요하다.

   에스라는 당시 민족의 상황이 얼마나 심각한지를 정확히 꿰뚫어보는 눈을 지니고 있었다. 에스라는 사태의 심각성을 누그러뜨리려고 하지 않았다. 그는 백성의 죄를 감추거나 축소시키지 않았다. 오늘날 교회는 에스라와 같은 지도자가 필요하다. 영적 눈이 멀지 않은 지도자, 교회의 상태를 정확히 보는 지도자, 현실을 직시하길 거부하지 않는 지도자가 절실히 필요하다.

2. 하나님 앞에 엎드려 죄를 자복하는 회개기도를 드리라.

   민족의 죄악을 알게 된 에스라는 금식하며 기도하지 않을 수 없었다. 그는 상한 마음으로 하나님 앞에 나아가 기도하는 일 외에 다른 것은 할 수 없었다. 그런데 그가 성전 앞에 엎드려 울면서 기도할 때 많은 백성들이 크게 통곡하며 그의 회개기도에 동참하는 일이 벌어졌다. 에스라를 통해 많은 백성이 주 앞에 무릎을 꿇게 된 것이다.

3. 회개기도는 영적 부흥을 위한 큰 열매를 낳는다.

   기도가 어떠한 열매를 맺을 수 있는 것은 기도가 하나님의 마음을 움직이기 때문이다. 전능하신 하나님께서는 우리의 기도를 듣고 그분의 일을 이루기 원하신다. 에스라의 기도는 결국 큰 회개 운동을 낳았고 이스라엘 개혁의 계기가 되었다. 그의 탄식과 기도는 위대한 일들이 일어날 수 있는 토대가 된 것이다.

✣

에스라가 하나님의 성전 앞에 엎드려 울며 기도하여
죄를 자복할 때에 많은 백성이 크게 통곡하매

에스라서 10장 1절

CHAPTER 08
뜨거운 눈물과 기도로
하나님나라를 세우라

중직을 맡은 느헤미야

구약에 등장하는 기도하는 위인들을 열거할 때 우리는 건축자 느헤미야를 그 거룩한 명단에서 결코 뺄 수 없다. 느헤미야는 지금까지 살펴본 다른 기도의 위인들과 동일한 반열에 설 수 있는 사람이다.

바벨론 포로 귀환 후 일어난 예루살렘의 재건에서 느헤미야는 중요한 역할을 했는데 그의 역할에서 단연 두드러진 것은 바로 '기도'였다. 본래 느헤미야는 바벨론에 포로로 잡혀간 사람이었지만, 바벨론 왕궁에서 '왕의 술 관원'이라는 중직(重職)을 맡게 되었다. 바벨론 왕이 포로로 잡혀온 히브리 사람에게 중직을 맡긴 것을 볼 때 그에게 대단한 장점이 있었던 것이 분명하다. '왕의 술 관원'은 왕이 마시는 포도주를 책임졌기 때문에 사실상 왕의 생명과 직결된 일을 맡은 사람이다.

느헤미야가 바벨론 왕궁에 있던 어느 날, 그의 형제 중 한 명이 몇몇 사람들과 함께 예루살렘에서 왔다. 느헤미야는 포로로 잡혀오지 않고 예루살렘에 남아 있는 사람들과 예루살렘 성에 대한 소식을 듣기 원했다. 그러나 그에게 전해진 소식은 가슴 아픈 것이었다. 예루살렘의 성은 허물어지고, 성문은 불탔으며, 포로로 끌려오지 않고 예루살렘에 남겨진 사람들은 큰 고통과 수치 가운데 살아가고 있다는 소식이었다.

그런 슬픈 소식을 듣고 이 하나님의 사람이 어떻게 행동했는지를 말해주는 성경구절이 있다.

> 내가 이 말을 듣고 앉아서 울고 수일 동안 슬퍼하며 하늘의 하나님 앞에 금식하며 기도하여 느 1:4

느헤미야의 몸은 고국에서 멀리 떨어진 곳에 있었지만, 그의 마음은 고국에 가 있었다. 그는 이스라엘을 사랑했고 시온의 번영을 위해 염려했으며 그의 하나님께 성실했다.

눈물로 탄식하는 느헤미야

예루살렘에 남겨진 동족에 대한 슬픈 소식을 접한 느헤미야는 탄식하며 울었다. 오늘날에는 이 시대의 악과 가중한 일들 때문에 울 수 있는 지도자들이 매우 드물다. 시온의 황폐함을 보고 교회의 신앙을 위해 걱정하는 사람들이 매우 드물다. 신앙이 쇠퇴하고 부흥의 능력이 약화되고 세속성이 교회 안으로 침투하는 것을 보고 탄식하며 우는 사람들이 매우 적다.

소위 낙관주의의 영향으로 지도자들은 시온의 성벽이 무너진 것을 보지 못한다. 그들은 오늘날 그리스도인들의 낮은 영적 상태를 보지 못한다. 그렇기 때문에 탄식하며 기도할 마음이 생기지 않는 것이다. 그러나 느헤미야는 시온을 위해 탄식했다. 시온을 사랑했기 때문에 시온의 쇠락을 크게 마음 아파한 그는 다른 기도의 위인들처럼 행동했다. 그것은 하나님께 나아가 예루살렘의 문제를 기도 제목으로 삼은 것이었다.

느헤미야의 기도는 느헤미야서 1장에 기록되어 있는데, 그것은 기도의 모범이 될 만한 것이다. 하나님을 높이는 말로 시작된 그의 기도는, 그의 민족의 죄를 고백하고 하나님의 약속에 호소하며 그분의 과거의 자비를 언급하고 그분의 용서의 자비를 구한다.

그런 다음 그의 기도는 "오늘 종이 형통하여 이 사람들 앞에서 은혜를 입게 하옵소서"(느 1:11)라는 말로 끝난다. 그가 이런 말로 기도를 끝낸 것은 미래를 위한 그의 계획을 염두에 두었기 때문이다. 다음번에 왕의 앞에 나아가면 왕께 허락을 받아 예루살렘을 방문하는 것이 그의 계획이었다. 그가 예루살렘을 방문하려는 것은 그곳의 어려운 형편을 최대한 개선하기 위함이었다. 그는 자신이 "오늘 종이 형통하여 이 사람들 앞에서 은혜를 입게 하옵소서"(느 1:11)라는 기도를 드릴 수 있었던 배경에 대해 "그때에 내가 왕의 술 관원이 되었느니라"(느 1:11)라고 설명한다.

왕의 마음을 움직이시는 하나님

느헤미야가 자신의 민족을 위해 기도한 것은 당연하고 적절한 일로 아무 문제가 되지 않았다. 문제는 이방나라의 왕이었다. 다시 말해서, 신하의 고국이 처한 슬픈 상태에 대해 전혀 관심이나 동정심을 느낄 것 같지 않은 이방나라의 왕이 그의 충성스런 술 관원에게 몇 달씩 자리를 비우도록 허락할 것인지가 문제였다. 그러나 느헤미야는 이방나라의 통치자가 자신에게 그런 허락을 내리도록 그의 마음을 움직일 수 있는 힘이 하나님께 있다는 것을 믿었다.

느헤미야는 그의 직무를 감당하기 위해 왕궁으로 들어갔다. 하나님께서는 그의 안색까지도 사용하셔서 그분의 일을 진행하셨다. 다시 말해서, 하나님께서는 느헤미야가 고국으로 돌아가는 문제에 대해 아닥사스다 왕의 허락을 받게 하기 위해 그의 안색을 지렛대로 삼으셨다. 그의 얼굴에 수심이 있는 것을 알아챈 왕은 그에게 그 이유를 물었고, 느헤미야는 왕의 질문에 대답했다. 결국, 왕은 그가 예루살렘으로 갈 수 있도록 허락했을 뿐만 아니라 그의 여행의 안전과 계획에 필요한 모든 것을 제공해주었다.

기도에 응답하시는 하나님

느헤미야는 예루살렘의 황폐에 대해 한 번 기도하고 끝낸 것이 아니었다. 왕의 질문을 받았을 때 그는 다시 하나님께 기도했는데, 이것은 "내가 곧 하늘의 하나님께 묵도하고"(느 2:4)라는 기록에서 드러난다. 왕이 그에게 무엇을 원하며 또 얼마 동안 직무를 중단할 것인지 물었을 때 그는 바로 그 자리에서 하나님께 기도했던 것이다.

느헤미야의 간절한 기도는 응답을 받았다. 하나님은 이방나라의 통치자의 마음까지도 움직이실 수 있다. 이때 하나님께서 그 통치자의 의지를 억지로 움직여서 그렇게 하시는 것이 아니다. 오직 느헤미아의 기도에 응답하시어 그 왕의 자유로운 의지를 움직이신 것이다.

느헤미야가 기도 응답을 받은 경우는 에스더가 기도 응답을 받은 경우와 유사하다. 에스더는 자신의 민족에게 자신을 위해 금식하며 기도해달라고 부탁한 후, 왕실의 규례를 어기고 왕의 존전으로 나아갔다. 결국, 하나님의 영(靈)이 왕의 마음을 움직이셨고 왕은 에스더에게 호의적인 마음을 갖고 그녀를 향해 그의 규(圭, scepter)를 내밀었다.

느헤미야는 성벽 재건공사를 착수하면서 어느 정도 성공을 거두었지만 그렇다고 해서 기도를 멈추지는 않았다. 예루살렘 성벽을 건축할 때 그는 성벽 재건을 위한 이스라엘 사람들의 노력을 비웃는 산발랏과 도비야의 저항에 직면했다. 그는 하나님의 큰 뜻을 이루려는 시도를 대적하며 욕하는 자들에 대해 개의치 않고 그의 계획을 밀고 나갔다. 그러면서도 느헤미야는 기도하는 것을 잊지 않았다. 그는 "우리 하나님이여 들으시옵소서 우리가 업신여김을 당하나이다 원하건대 그들이 욕하는 것을 자기들의 머리에 돌리사 노략거리가 되어 이방에 사로잡히게 하시고"(느 4:4)라고 기도했다. "우리가 우리 하나님께 기도하며"(느 4:9)라는 말에서 알 수 있듯이 그는 기도를 계속했다.

느헤미야가 추진하는 이 아름다운 일에 대한 기록을 읽어 내려갈 때, 우리는 기도가 끊임없이 강조되는 것을 보게 된다. 심지어 성벽 재건이 끝난 후에도 그와 그의 민족의 원수가 계속 그를 대적했다. 하지만 그는 기도를 계속 했다. 그 자신의 기록에 의하면, 그는 "이제 내 손을 힘 있게 하옵소서"(느 6:9)라고 기도했다.

더욱이 산발랏과 도비야가 사람들을 보내어 느헤미야를 두렵게 하고 방해하려고 했을 때, 느헤미야는 그들의 새로운 공격에 정면으로 맞서면서 그의 하나님께 "내 하나님이여 도비야와 산발랏과 여선지 노아댜와 그 남은 선지자들 곧 나를 두렵게 하고자 한 자들의 소행을 기억하옵소서"(느 6:14)라고 기도했다. 결국 하나님께서는 그분의 충실한 일꾼의 이 기도에 응답하시어 이스라엘의 사악한 원수들의 꾀와 계획이 물거품이 되게 하셨다.

이 일로 말미암아 나를 기억하옵소서

느헤미야는 레위 사람들이 그들의 몫을 받지 못했기 때문에 하나님의 전(殿)이 소홀히 취급되었다는 것을 알고 실망했다. 하나님의 전이 모든 사람을 위한 경배의 장소로 회복될 수 있도록 느헤미야는 합법적인 십일조가 레위 사람들에게 돌아가도록 조치했다. 또 그런 일을 감당하게 될 창고지기들을 임명했다.

이 일에 있어서 우리가 기억해야 할 것은 느헤미야가 이런 일을 행하면서 기도했다는 사실이다. 그는 다음과 같이 기도했다.

> 내 하나님이여 이 일로 말미암아 나를 기억하옵소서 내

> 하나님의 전과 그 모든 직무를 위하여 내가 행한 선한 일
> 을 도말하지 마옵소서 느 13:14

느헤미야의 이런 기도는 자기의(自己義)를 드러낸 것이 아니었다. 그의 기도는 바리새인들의 기도와 달랐다. 우리 주님의 시대에 바리새인들은 다른 사람들이 보는 중에 성전에 올라가 하나님 앞에서 자기의를 내세우는 주장들을 늘어놓았다. 그러나 느헤미야의 기도는 히스기야의 기도와 같은 것이다. 우리가 잘 알듯이, 히스기야는 자신이 하나님께 충성한 것과 자신의 마음이 하나님 앞에서 옳다는 것을 그분께 말씀드렸다.

민족의 죄악을 위해 기도하는 지도자

느헤미야는 하나님의 백성이 저지른 악을 또 발견했다. 하나님의 전의 문이 닫히게 만든 악을 바로잡자마자 그는 또 안식일을 어기는 행위를 발견하게 되었다. 그는 백성을 바로잡기 위한 작은 조치를 내리고 그들을 꾸짖었다. 또한 그들이 안식일에 장사하는 일을 중단하지 않으면 자신의 권세를 행사

하려고 했다. 느헤미야는 그런 모든 일에 대한 기록을 끝내면서 다음과 같은 기도를 덧붙였다.

> 내 하나님이여 나를 위하여 이 일도 기억하시옵고 주의 크신 은혜대로 나를 아끼시옵소서 느 13:22

끝으로 개혁가 느헤미야는 민족의 큰 악을 또 발견했다. 그는 유다 사람들이 아스돗과 암몬과 모압 여인들을 아내로 삼았다는 것을 알게 되었다. 그는 그들을 책망했고 그들 스스로 그 잘못을 고치게 했다. 이 일에 대한 기록을 끝내면서 그는 다음과 같은 기도를 덧붙였다.

> 내 하나님이여 그들이 제사장의 직분을 더럽히고 제사장의 직분과 레위 사람에 대한 언약을 어겼사오니 그들을 기억하옵소서 느 13:29

느헤미야는 제사장들과 레위 사람들에게 묻은 이방 사람의 부정(不淨)을 모두 씻어버린 후 그들에게 임무를 맡겨 저마다 맡은 일을 하게 했다. 이런 일에 대한 기록도 역시 다음과 같은 짧은 기도로 끝난다.

> 내 하나님이여 나를 기억하사 복을 주옵소서 느 13:31

　기도하는 사람들을 지도자로 삼은 교회는 참으로 복된 교회이다. 교회의 기초를 놓을 때 교회의 지도자가 기도한다면 그 교회는 복 있는 교회이다. 기도로 교회의 벽을 나란히 쌓아올리는 교회는 진정 행복한 교회이다. 기도는 교회 건축에 도움을 준다. 예배의 전(殿)의 벽을 쌓아올리는 것은 기도이다.
　기도는 하나님의 계획을 행하는 사람들을 방해하는 자들에게 패배를 안겨준다. 심지어 기도는 교회와 아무 연관이 없는 사람들의 마음까지 움직여서 그들로 하여금 교회의 일에 협조하도록 만든다. 기도는 하나님의 큰 뜻과 관계된 모든 일들에서 강력한 힘을 발휘한다. 또 기도는 이 세상에서 그분의 일을 이루려고 노력하는 자들의 마음에 용기와 격려를 준다.

PRAYER AND PRAYING MEN 8

1. 민족을 위해 눈물로 탄식하며 부르짖는 기도의 강자가 되라.

예루살렘에 남겨진 동족에 대한 슬픈 소식을 접한 느헤미야는 탄식하며 울었다. 오늘날에는 이 시대의 가중한 일들 때문에 울 수 있는 지도자들이 매우 드물다. 신앙이 쇠퇴하고 부흥의 능력이 약화되고 세속성이 교회 안으로 침투하는 것을 보고 탄식하며 우는 사람들이 매우 드물다. 우리에게 필요한 것은 하나님 앞에 눈물로 탄식하며 부르짖는 기도의 사람들이다.

2. 하나님은 사소한 것도 사용하시어 그분의 일을 이루신다.

느헤미야는 고국인 예루살렘을 방문하고자 했으나 이방나라의 통치자가 이를 허락하는 것이 쉬운 일은 아니었다. 그러나 하나님께서는 그의 안색을 사용하시어 그분의 일을 진행하셨다. 느헤미야의 얼굴에 수심이 가득한 이유를 왕이 묻게 하셨고, 이를 통해 느헤미야는 예루살렘으로 가는 일에 대한 허락뿐 아니라 그의 안전과 계획에 필요한 모든 것을 제공받을 수 있었다.

3. 기도로 하나님의 계획을 방해하는 원수를 무찌르라.

느헤미야가 성벽 재건공사를 착수할 때 산발랏과 도비야가 사람을 보내어 이를 방해하려고 했다. 위기 가운데서 느헤미야는 더욱 기도했다. 그는 하나님 앞에 엎드려 그들이 한 소행을 기억해달라고 부르짖었다. 하나님께서는 느헤미야의 기도에 응답하시어 이스라엘의 사악한 원수들의 꾀와 계획이 물거품이 되게 하셨다.

✢

하늘의 하나님 여호와 크고 두려우신 하나님이여 주를 사랑하고 주의 계명을 지키는 자에게
언약을 지키시며 긍휼을 베푸시는 주여 간구하나이다

느헤미야서 1장 5절

CHAPTER 09

기도로 세상과 구별된
하나님의 사람을 키워라

기도 응답으로 태어난 사무엘

기도의 직접적 응답에 의해 이 땅에 온 사람이 바로 사무엘이다. 사무엘이 존재하게 된 것은 기도 때문이었다. 사무엘은 아들을 얻길 지극히 갈망하는 기도의 어머니, 한나에게서 태어났다. 그가 이 세상에 태어났을 때 그를 둘러싼 분위기는 기도의 분위기였다.

사무엘은 태어난 이후 몇 달 동안은 기도하는 어머니 아래에서 지냈다. 한나는 아들을 얻기 위해 하나님께 기도했을 뿐만 아니라 서원을 했는데, 그것은 "주의 여종에게 아들을 주시면 내가 그의 평생에 그를 여호와께 드리고"(삼상 1:11)라는 엄숙한 서원이었다.

한나는 실제로 아들을 얻었고, 자신의 서원대로 행했다. 그녀는 아들이 성소의 제사장과 함께 생활하여 '기도의 집'의 영향을 받도록 했다. 따라서 그 아이가 기도의 사람으로 성장한 것은 당연한 일이었다.

기도로 태어나 기도의 환경 속에서 자란 아이가 기도의 사람이 아닌 다른 어떤 사람으로 성장한다는 것은 상상할 수도 없는 일이었다. 기도의 분위기는 언제나 어린아이에게 강한 인상을 심어주게 마련이며, 아이의 인격을 형성하고 그 아이의 장래의 운명을 결정하는 경향이 있다.

기도의 분위기를 만들라

사무엘은 하나님의 음성을 잘 들을 수 있는 환경에 자랐다. 다시 말해서, 그에게 임하는 하나님의 부르심에 귀를 기울일 수 있는 환경에 있었다. 하늘에서 네 번째로 음성이 들렸을 때 그의 어린 마음이 즉시 하나님의 음성을 알아듣고 "말씀하옵소서 주의 종이 듣겠나이다"(삼상 3:10)라고 대답했는데 그것은 지극히 당연한 일이었다. 그의 즉각적인 대답은 어린아이의 순진한 복종과 자발성이 담긴 나름대로의 기도였다.

만일 사무엘이 다른 어머니로부터 태어났다면, 그가 기도의 환경이 아닌 다른 환경에 태어나게 되었다면, 그가 어릴 적에 다른 영향을 받았다면, 아마도 그는 자신을 불러서 사용하시려는 하나님의 음성을 그토록 쉽게 듣지는 못했을 것이며, 그를 이 땅에 보내신 하나님께 그의 삶을 기꺼이 바치지 못했을 것이다.

하나님의 교회와 관계없이 살아가는 세상적인 가정의 세상적인 어머니 밑에서 태어난 아이는 사무엘처럼 되기 어렵다. 사무엘 같은 기도의 사람들이 나오려면 그에게 영향을 주었던 환경과 중보기도가 있어야 한다.

당신은 당신의 아이가 어릴 적부터 세상과 구별되어 하나님의 일에 헌신하도록 부름 받기를 원하는가? 당신은 당신의 아이가 어릴 적부터 하나님의 영에 부름 받을 수 있는 환경에서 살아가기를 원하는가? 그렇다면 그가 기도의 영향력 아래에 놓이게 하라. 그가 하나님의 사람과 가까워지게 하고, 그가 하나님의 사람의 영향을 직접 받도록 하고, 그가 '기도의 집'을 가까이 하면서 살도록 하라.

사무엘은 어릴 때부터 하나님을 알았다. 그 결과, 그는 성인이 되어서도 하나님을 알았다. 그는 어릴 적에 하나님을 인식했고 하나님께 순종했으며 그분께 기도했다. 만일 더 많은 아이들이 기도하는 어머니에게서 태어나고 '기도의 집'을 가까이 하면서 기도의 분위기 속에서 양육된다면, 더 많은 아이들이 하나님의 음성을 듣고 음성에 즉시 순종하여 경건한 삶을 살 것이다.

기도하는 사람들이 우리 교회에 더 많아지도록 하려면 어떻게 해야 할까? 우선 그런 사람들을 이 땅에 태어나게 할 기도하는 어머니들이 있어야 한다. 또 아이들이 경건한 분위기 속에서 성장하도록 기도하는 가정이 있어야 한다. 또 아이들의 마음에 영향을 주어 기도의 삶으로 이끌어줄 기도의 환경이 있어야 한다. 한나 같은 어머니들이 있을 때, 사무엘 같은 기도의 사람들이 나올 수 있다. 기도하는 제사장들은 '기도의 집'에서 나온다. 기도하는 지도자들은 기도하는 가정에서 나온다.

기도로 준비된 개혁

이스라엘은 여러 해 동안 블레셋 사람들에게 속박당하고 있었다. 언약궤는 아비나답의 집에 머물러 있었는데, 사람들은 아비나답의 아들 엘리아살을 거룩하게 구별하여 여호와의 궤를 지키게 했다. 그러나 이스라엘 백성은 하나님을 떠나 우상숭배에 빠졌고 사무엘은 백성들의 종교적 상태에 대해 매우 염려했다.

사무엘은 백성들에게 이방 신들을 버리라고 외쳤다. 여호와를 모실 수 있도록 마음의 준비를 하고 그분을 다시 섬기라고 촉구했다. 또 그는 백성들이 그렇게 할 때 여호와께서 블레셋 사람들의 손에서 그들을 건지실 것이라고 말했다. 백성들에게 던진 그의 메시지는 매우 명료했다.

사무엘에게 속한 자들, 즉 이스라엘 백성이 볼 때 그는 당대의 위대한 설교자였다. 그의 설교는 그들에게 큰 감동을 주었으며 풍성한 열매를 맺었다. 그 열매에 대해 성경은 다음과 같이 기록했다.

> 이에 이스라엘 자손이 바알들과 아스다롯을 제거하고 여

호와만 섬기니라 삼상 7:4

그러나 그의 설교만으로는 부족했다. 이스라엘의 개혁에는 기도가 반드시 따라야 했다. 기도가 없으면 개혁은 불가능했다. 기도에 대해 강한 확신을 갖고 있던 사무엘은 백성에게 "온 이스라엘은 미스바로 모이라 내가 너희를 위하여 여호와께 기도하리라"(삼상 7:5)라고 말했다.

그런데 사무엘이 악한 이스라엘 백성을 위해 기도를 드릴 때 블레셋 사람이 이스라엘과 싸우려고 가까이 왔다. 하지만 여호와께서 임하시어 블레셋 사람에게 큰 우레를 발하여 그들을 어지럽게 하셨고 그들은 이스라엘 앞에서 패했다.

기도의 제단이 있는 가정

이스라엘에 '기도의 사람'이 있었다는 것은 참으로 다행스런 일이었다. 기도의 의미와 가치를 아는 사람, 하나님의 보좌에 상달하는 기도를 드릴 수 있는 신앙인, 하나님의 마음을 움직일 수 있는 기도의 위인을 지도자로 삼은 이스라엘은 복을 받은 민족이었다.

그런데 기도만이 사무엘의 사명은 아니었다. 사무엘은 평생 이스라엘을 다스렸다. 해마다 벧엘과 길갈과 미스바로 순회하여 이스라엘을 다스렸다. 그는 순회를 마치면 고향 라마로 돌아가 머물렀다. 그런데 라마에서도 그는 하나님을 위하여 제단을 쌓았다. 그 제단은 제물을 드리는 제단일 뿐만 아니라 기도의 제단이기도 했다. 라마에서 쌓은 그의 제단이 당시 그의 지역사회에 유익을 주었을 것이다(마치 지금의 교회가 지역사회에 유익을 주듯이 말이다).

그런데 우리가 간과하지 말아야 할 것은 그의 제단이 틀림없이 가정 제단이었을 것이라는 점이다. 그의 가정 제단에서는 속죄를 위한 제사가 드려졌을 뿐만 아니라 그의 일가권속(一家眷屬)이 모두 참여하는 경배와 찬양과 기도가 있었을 것이다. 그 가정 제단은 전능하신 하나님을 인정하는 자리였다. 또 거기서는 경건한 가정의 대소사(大小事)를 알리는 광고가 있었을 것이다. 또 거기서 아버지와 어머니가 여호와의 이름을 불렀기 때문에 그 가정은 주변의 세속적인 우상숭배를 하는 가정들과 대조되었을 것이다.

사무엘의 가정은 경건한 가정의 모범이었는데 이런 모범은 지금처럼 불경건한 시대에 절실히 요구되는 모범이다. 제사와 기도의 제단이 있는 가정, 즉 날마다 감사가 하늘을 향해 올라가고 아침과 밤에 기도가 드려지는 가정은 복된 가정이다.

  사무엘은 기도하는 제사장, 기도하는 지도자, 그리고 기도하는 선생이었을 뿐만 아니라 기도하는 아버지였다. 오늘날 가정의 경건 문제를 잘 아는 사람이라면 누구나 충분히 인식하고 있는 것이 있는데, 그것은 경건한 가정과 기도하는 부모가 오늘날 절실히 필요하다는 사실이다. 경건이 무너지는 일은 가정에서부터 일어난다. 지역사회의 종교생활의 쇠퇴가 시작되는 곳은 가정이다. 하나님의 교회에서 기도하는 사람들이 나오려면 먼저 가정에서부터 그런 사람들이 나와야 한다. 부흥이 시작되어야 하는 곳도 역시 가정이다.

국가의 대소사를 위해 기도하라

이스라엘의 역사에서 위기의 때가 찾아왔다. 이스라엘 백성은 사람을 왕으로 세운 주변 나라의 흥왕을 보고 미혹되었다. 그리하여 그들은 그때까지 왕으로 모셨던 하나님을 거부하려고 마음먹었다. 그들은 사무엘을 찾아와 "모든 나라와 같이 우리에게 왕을 세워 우리를 다스리게 하소서"(삼상 8:5)라고 대담한 요구를 했다. 사무엘은 그들의 요구를 기뻐하지 않았는데 왜냐하면 여호와 하나님의 이름을 높여서 그분을 기쁘시게 해드리기를 간절히 원했기 때문이다.

사무엘이 그들의 요구를 불쾌하게 여기는 것은 당연했다. 사무엘처럼 깊은 신앙을 가진 사람이라면 누구나 그런 상황에서 불쾌감을 느꼈을 것이다. 사무엘은 크게 슬퍼했다. 그는 하나님께 기도했고 그분은 그에게 다음과 같이 말씀해주셨다. 이 말씀은 그런 상황에서 적어도 사무엘에게는 위로가 되는 말씀이었다.

> 백성이 네게 한 말을 다 들으라 이는 그들이 너를 버림이 아니요 나를 버려 자기들의 왕이 되지 못하게 함이니라
> 삼상 8:7

어려운 때를 당하여 사무엘은 평소의 경건대로 하나님께 나아가 말씀드렸다. 평소에도 사무엘은 이스라엘 민족과 관계된 모든 일에 대해 기도드렸을 것이다. 따라서 이처럼 중대한

시기에, 다시 말해서 민족의 통치 형태에 혁명적 변화가 일어날 수도 있는 시기에 그가 기도하는 것은 지극히 당연한 일이었다.

이스라엘 백성들이 하나님의 통치를 거부하고 사람을 통치자로 세워 다스림을 받겠다고 주장하는 상황에서 그는 더욱더 기도해야 했을 것이다. 국가의 중대한 문제들에 대해 기도하는 것은 당연한 일이다. 국가의 문제들을 위해 하나님께 간구할 수 있는 기도의 사람들이 절실히 요구된다. 법을 만드는 사람들, 법을 집행하는 사람들, 그리고 법에 따라 재판하는 사람들에게는 기도하는 지도자들이 필요하다. 국가의 대소사를 놓고 기도하는 사람들이 많아질수록 그만큼 실수가 줄어들게 된다.

사무엘에게 기도를 부탁하는 백성들

사람을 왕으로 세워달라는 이스라엘 백성의 요구에 하나님께서 응답하셨지만 그것으로 모든 게 끝난 것은 아니었다. 그들은 사람들 왕으로 세워달라는 백성의 요구를 하나님께서 불쾌하게 여기신다는 사실을 알아야 했다. 비록 하나님께서 이스라엘 백성들의 요구를 들어주셨지만 그들은 분명히 악한 요구를 한 것이었다.

그들은 사람이 왕으로 세워진 후에도 하나님께서 여전히 살아 계셔서 그들을 상대하시고 그들의 왕과 국가의 문제에 개입하실 것임을 알아야 했다. 그러므로 하나님의 계획을 실행에 옮기기 위해서는 사무엘의 기도가 그 역할을 또다시 감당해야 했다. 사무엘은 백성에게 가만히 서서 여호와께서 그들의 목전에서 행하실 일을 보라고 말했다.

사무엘은 하나님께 기도했고 그분은 그의 기도에 응답하시어 우레와 비를 보내셨다. 우레와 비를 본 백성은 크게 두려워했고, 왕을 구한 그들의 죄가 크다는 것을 인정했다. 큰 두려움에 사로잡힌 백성은 급히 사무엘에게 자기들을 위해 기도해서 임박한 멸망에서 벗어나게 해달라고 요청했다. 사무엘이 다시 기도했을 때 하나님께서 듣고 응답하셨으며, 그 결과 우레와 비가 멈추었다.

사울을 위한 기도

사무엘의 기도 생활에는 주목할 만한 것이 또 있다. 아말렉 사람과 그들의 재산을 완전히 멸하라는 명령이 사울 왕에게 내려졌지만, 사울은 하나님의 명령을 어기고 아말렉 사람의 아각 왕과 제일 좋은 양과 소를 살려두었다. 그는 백성들이 그렇게 하기 원한다는 것을 구실로 삼았다.

사울이 불순종했을 때 하나님께서 어떻게 하셨는지를 성경에서 읽어보자.

> 여호와의 말씀이 사무엘에게 임하니라 이르시되 내가 사울을 왕으로 세운 것을 후회하노니 그가 돌이켜서 나를 따르지 아니하며 내 명령을 행하지 아니하였음이니라 하신지라 사무엘이 근심하여 온밤을 여호와께 부르짖으니라
>
> 삼상 15:10,11

사무엘에게 갑작스럽게 임한 하나님의 말씀은 사무엘을 슬픔에 빠뜨리기에 충분했다. 왜냐하면 그는 민족을 사랑하고 하나님께 충성하고 무엇보다도 시온의 번영을 갈망했기 때문이다. 교회의 악을 알게 되고 시대의 가증한 것들을 보고 슬픔을 느끼는 사람들은 무릎을 꿇고 기도할 수밖에 없다.

물론, 사무엘은 사울의 문제를 놓고 하나님께 기도했다. 그때는 기도해야 할 때였다. 사무엘에게 있어서 사울의 문제는 너무 중대했기 때문에 사무엘은 기도하지 않을 수 없었다. 큰 충격에 빠진 사무엘은 밤새도록 기도했다. 사울의 문제에 너무 많은 것이 걸려 있었기 때문에 사무엘은 그 문제를 모른 채 할 수 없었고, 소홀히 다룰 수 없었고, 그 문제를 하나님 앞으로 가지고 가지 않을 수 없었다. 이스라엘의 운명이 그 문제에 걸려 있었다.

PRAYER AND PRAYING MEN 9

1. 세상과 구별된 기도하는 가정에서 기도의 사람이 나온다.

기도로 태어나 기도의 환경 속에서 자란 아이가 기도의 사람이 아닌 다른 어떤 사람으로 성장한다는 것은 상상할 수도 없는 일이다. 사무엘은 기도의 여인 한나에게서 태어났으며, '기도의 집'의 영향을 받으며 성장했다. 한나 같은 어머니가 있을 때 사무엘 같은 사람이 나올 수 있다. 기도하는 지도자들은 기도하는 가정에서 나온다.

2. 기도는 하나님의 음성에 귀 기울이고 그 부르심에 순종하게 한다.

사무엘은 하나님의 음성을 잘 들을 수 있는 환경에서 자랐다. 즉, 그는 하나님의 부르심에 귀를 기울기는 사람으로 성장했다. 하나님께서 사무엘을 부르셨을 때, 그는 그분의 음성을 알아듣고 "말씀하옵소서 주의 종이 듣겠나이다"라고 대답하며 나아갔다. 기도의 사람은 하나님의 음성에 반응하며 그 부르심에 순종하는 삶을 살 수 있다.

3. 개인뿐 아니라 국가의 대소사를 위해 온 맘 다해 기도하라.

이스라엘 백성들이 하나님의 통치를 거부하고 왕을 세워달라고 주장했을 때, 사무엘은 더욱더 기도했을 것이다. 국가의 중대한 문제에 대해 기도하는 것은 당연한 일이다. 오늘날도 국가의 문제에 대해 하나님께 간구할 수 있는 기도의 사람이 절실히 필요하다. 국가의 대소사(大小事)를 놓고 기도하는 사람들이 많아질수록 그만큼 실수가 줄어들게 될 것이다.

✢

여호와께서 임하여 서서 전과 같이 사무엘아 사무엘아 부르시는지라
사무엘이 이르되 말씀하옵소서 주의 종이 듣겠나이다 하니
사무엘상 3장 10절

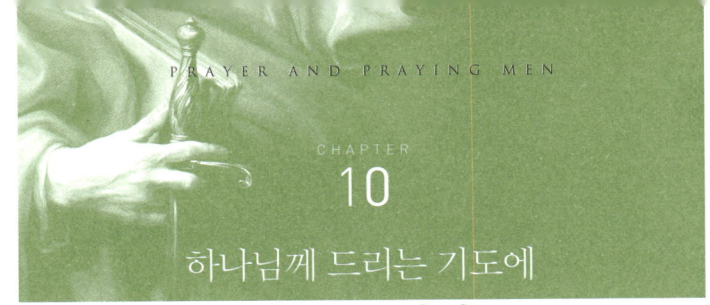

하나님께 드리는 기도에 타협은 없다

타협 없는 다니엘의 기도

다니엘이 바벨론에 있을 때 매우 이례적인 일이 일어났는데 그것은 "이제부터 삼십 일 동안에는 누구든지 왕 외의 어떤 신에게나 사람에게 무엇을 구하면 사자 굴에 던져질 것이다"라는 왕명(王命)이 내려진 것이었다. 이 위기 가운데서 다니엘이 어떻게 대응했는지를 성경에서 읽어보자.

> 다니엘이 이 조서에 왕의 도장이 찍힌 것을 알고도 자기 집에 돌아가서는 윗방에 올라가 예루살렘으로 향한 창문을 열고 전에 하던 대로 하루 세 번씩 무릎을 꿇고 기도하

며 그의 하나님께 감사하였더라 단 6:10

하나님께 기도하며 감사하는 것이 이 하나님의 사람의 습관이었음을 잊지 말라. 그렇다! 그는 전에 하던 대로 무릎을 꿇고 기도하며 그의 하나님께 감사했다. 그렇다면 그 결과가 어떻게 되었을까?

물론, 예상한 대로였다. 다니엘은 사자 굴에 던져졌다. 하지만 하나님께서 사자 굴로 천사를 보내시어 사자들의 입을 막으셨기 때문에 다니엘은 머리털 하나도 상하지 않은 채 완전히 건짐을 받았다. 오늘날에도 옛 성도들이 밟았던 기도의 길을 가는 성도들은 언제나 놀라운 구원을 체험한다.

다니엘은 하나님의 전에서 멀리 떨어진 이방 나라에 있었기 때문에 예루살렘의 경배와 종교적 권리를 박탈당한 채 살아가고 있었다. 하지만 그럼에도 자신의 하나님을 잊지 않았다. 그는 신앙생활에 지극히 불리한 환경 속에서도 단호히 신앙을 지킨 아주 모범적인 젊은이였다. 그는 경건하지 못한 환경 속에서도 하나님의 종으로 살아가는 것이 가능하다는 사실을 확실히 보여주었다.

다니엘이 살고 있던 나라는 '하나님을 두려워하는 나라'가 아니었다. 쉽게 말해서 이방 나라였다. 거기에는 성전 예배, 안식일, 성경 낭독 같은 것들이 없었다. 그러나 그런 환경 속에서도 신앙에 도움이 되는 것이 하나 남아 있었는데, 그것은 바로 개인 기도였다. 그것은 그 누구도 그에게서 빼앗을 수 없는 것이었다.

기도로 꿈을 해석하다

다니엘은 왕의 고기를 먹지 않고 왕의 포도주를 마시지 않겠다고 굳게 결심했는데 그 점에 대해서는 조금도 타협하지 않았다. 무엇보다도 하나님을 두려워하고 어떤 대가를 치르더라도 신앙을 지키겠다는 그의 태도는 그 불경건한 나라에서 신앙적 모범이 되었다.

하지만 안락한 삶과 탄탄대로가 그를 기다리고 있는 것은 아니었다. 변덕스럽고 불합리한 전제군주 느부갓네살 때문에 다니엘은 시험대에 오르게 되었고, 그때 그의 기도가 어떤 것인지 드러나게 되었다. 느부갓네살 왕은 어느 날 이상한 꿈을 꾸었다. 그런데 그 꿈의 세부적인 부분들은 기억나지 않고 오직 꿈을 꾸었다는 사실만이 그의 기억에 남았다. 그 꿈으로 큰 번민에 빠진 느부갓네살은 박수와 술객과 점쟁이와 갈대아 술사를 불러서 그들에게 자신의 꿈을 알아내고 또 그것을 해석하라고 명령을 내렸다. 느부갓네살은 다니엘과 그의 세 친구(사드락과 메삭과 아벳느고)를 박수와 술객과 점쟁이와 갈대아 술사의 무리와 똑같이 취급했다. 하지만 다니엘의 무리와 갈대아 술사의 무리 사이에는 공통점이 전혀 없었다.

사실, 느부갓네살의 꿈을 알아낸다는 것은 인간의 능력으로서는 불가능한 일이었다. 느부갓네살은 자신의 꿈과 그 해석을 알게 하는 것은 "어려운 일이라 육체와 함께 살지 아니하는 신들 외에는 왕 앞에 그것을 보일 자가 없나이다"(단 2:1)라는 갈대아인들의 말을 듣고 크게 진노하여 바벨론의 모든 지혜자들을 죽이라고 명령했다. 그것은 다니엘과 그의 세 친구들에게도 적용되는 명령이었다.

그런 위급한 상황에서 다니엘이 행동에 나서게 되었다. 다니엘의 제안으로 왕명의 집행이 보류되었다. 다니엘은 즉시 자신의 세 친구들과 의논했고 그들에게 기도의 도움을 요청했다. 그들은 하나님께서 다니엘에게 왕의 꿈과 그것에 대한 해석을 알려주시길 구했다. 그들의 합심 기도에 대한 응답이 어떻게 주어졌는지에 대해 성경은 "이에 이 은밀한 것이 밤에 환상으로 다니엘에게 나타나 보이매"(단 2:19)라고 기록했다. 그들이 간절히 기도했기 때문에 결국 다니엘은 왕에게 그의 꿈과 그것에 대한 해석을 이야기해줄 수 있었다.

다니엘의 말을 듣고 크게 만족한 느부갓네살 왕은 다니엘의 하나님을 인정했고 다니엘과 그의 세 친구들에게 높은 지위를 부여했다. 그런 놀라운 일이 일어날 수 있었던 것은 그토록 위급한 때에 다니엘과 그 친구들이 하나님께 기도했기 때문이다. 큰 어려움에 처해 당혹감을 느끼는 지도자들에게 도움을 줄 수 있는 기도의 사람들이 있는 나라는 복된 나라이다. 국가와 교회의 지도자들을 위해 기도해주는 기도의 사람들이 있는 나라는 복이 있다.

환상을 위해 기도하다

그로부터 여러 해가 지났을 때, 다니엘은 여전히 이방나라에 있었다. 다니엘은 그의 하나님을 잊지 않았는데 하나님께서는 그에게 '숫양과 숫염소'의 환상을 보여주셨다. 그는 그

기이한 환상을 이해하지 못했지만 그것이 하나님으로부터 왔다는 것을 알았다. 또 그는 그것이 나라와 민족의 미래에 관한 깊은 의미를 담고 있는 환상이라는 것도 알았다. 그리하여 그는 자신의 신앙에 따라 그 환상에 대해 기도했다. 그러자 그에게 어떤 일이 일어났는지 성경에서 읽어보자.

> 나 다니엘이 이 환상을 보고 그 뜻을 알고자 할 때에 사람 모양 같은 것이 내 앞에 섰고 내가 들은즉 을래 강 두 언덕 사이에서 사람의 목소리가 있어 외쳐 이르되 가브리엘아 이 환상을 이 사람에게 깨닫게 하라 하더니 단 8:15,16

가브리엘은 다니엘로 하여금 그 기이한 환상의 의미를 온전히 깨닫도록 했다. 그런데 중요한 것은 그런 일이 바로 '기도'를 통해 일어났다는 것이다. 우리를 당혹감에 빠뜨리는 문제들이 종종 기도의 골방에서 해결된다. 다른 문제들과 마찬가지로 하나님께서는 천사들을 사용하시어 기도 응답에 대한 정보를 전달해주신다. 천사들은 기도와 밀접한 관계가 있다. 기도하는 사람들과 하늘의 천사들은 서로 밀접한 관계를 유지하게 된다.

천사들을 통해 도우시다

그로부터 몇 년 후, 다니엘은 거룩한 책들을 공부하면서 하나님께서 예레미아 선지자에게 하신 말씀, 곧 예루살렘의 황폐함이 칠십 년만에 그치리라는 말씀에서 그의 민족의 70년 포로생활이 끝날 때가 되었다는 사실을 알게 되었다. 그리하여 그는 간절히 기도하기 시작했다.

> 내가 금식하며 베옷을 입고 재를 덮어쓰고 주 하나님께 기도하며 간구하기를 결심하고 내 하나님 여호와께 기도하며 자복하여 이르기를 단 9:3,4

이 구절에 이어지는 구약의 기록은 '다니엘의 기도'(단 9:4-10)를 담고 있다. 간절한 마음에서 우러나온 이 기도는 깊은 의미가 담겨 있고 표현이 명료하여 기도의 모범으로 손색이 없다.

다니엘이 기도할 때 이전에 환상 중에 본 천사 가브리엘이 빨리 날아서 저녁 제사를 드릴 즈음에 그에게 이르러 그를 가르치며 말했다. 다시 말해서, 가브리엘은 다니엘이 그토록 바라던 소중한 정보를 그에게 제공했다.

우리가 기도할 때 하나님의 천사들은 우리가 상상하는 것보다 훨씬 더 우리 가까이에 있다. 하나님께서는 우리의 기도를 듣고 응답하는 복된 일을 이루실 때 하늘의 지성적 존재들, 즉 천사들을 사용하신다. 다니엘의 경우에서 볼 수 있듯이 기도는 하나님 백성의 현재와 미래의 행복과 깊은 관계가 있다.

바벨론에 포로로 잡혀 있던 다니엘의 기도 생활에서 우리가 주목할 것이 또 있다. 하나님께서 그에게 또 다른 계시를 주셨는데, 그 계시의 성취는 매우 먼 미래의 일처럼 보였다.

> 다니엘이 세 이레 동안을 슬퍼하며 세 이레가 차기까지 좋은 떡을 먹지 아니하며 고기와 포도주를 입에 대지 아니하며 또 기름을 바르지 아니하니라 단 10:2,3

그후 다니엘은 기이한 체험을 했고, 그것보다 훨씬 더 기이한 계시가 한 천사를 통해 그에게 주어졌다. 우리는 이에 관한 성경의 기록을 읽어볼 필요가 있다.

한 손이 있어 나를 어루만지기로 내가 떨었더니 그가 내 무릎과 손바닥이 땅에 닿게 일으키고 내게 이르되 큰 은총을 받은 사람 다니엘아 내가 네게 이르는 말을 깨닫고 일어서라 내가 네게 보내심을 받았느니라 하더라 그가 내게 이 말을 한 후에 내가 떨며 일어서니 그가 내게 이르되 다니엘아 두려워하지 말라 네가 깨달으려 하여 네 하나님 앞에 스스로 겸비하게 하기로 결심하던 첫날부터 네 말이 응답 받았으므로 내가 네 말로 말미암아 왔느니라 그런데 바사 왕국의 군주가 이십일 일 동안 나를 막았으므로 내가 거기 바사 왕국의 왕들과 함께 머물러 있더니 가장 높은 군주 중 하나인 미가엘이 와서 나를 도와주므로 이제 내가 마지막 날에 네 백성이 당할 일을 네게 깨닫게 하러 왔노라 이는 이 환상이 오랜 후의 일임이라 하더라 단 10:10-14

이 구절에 담긴 모든 의미를 이해하는 일은 어려울 것이다. 하지만 이 구절의 큰 흐름에서 확실히 드러나는 것이 있다. 그것은 하늘의 천사들이 우리의 기도에 깊은 관심을 갖고 있으며, 그들이 하나님께로부터 보냄을 받아 우리에게 와서 기도의 응답에 대해 말해준다는 것이다.

기도 응답이 지체되는 이유

이 구절에서 우리가 알 수 있는 것이 또 있다. 그것은 눈에 보이지 않는 세력이나 영(靈)들이 우리가 기도 응답을 받지 못하도록 방해한다는 것이다. 이 천사를 21일 동안 막았던 '바사 왕국의 군주'가 누구인지에 대한 구체적 설명이 이 구절에 나오지는 않는다. 하지만 분명한 점은 눈에 보이지 않는 세계에서 우리를 둘러싸고 싸움이 벌어진다는 것이다. 그것은 우리의 기도에 대한 응답으로 보냄을 받은 영들이 그들을 무력화시키려는 사탄과 그의 악한 영들에 대항하여 벌이는 싸움이다.

또한 이 구절은 기도 응답이 늦어지는지 이유에 대해 우리에게 어느 정도 암시를 준다. 그 암시는 다니엘이 세 이레 동안 슬퍼하여 기도했고, 바사 왕국의 군주가 하나님께서 보내신 천사를 21일 동안 막았다는 사실에서 드러난다.

인간의 눈으로 볼 수 없는 곳에서 다니엘을 사이에 두고 선한 영들과 악한 영들 사이에 치열한 싸움이 일어나고 있는 동안 그가 굳게 결심하고 용기를 내어 세 이레 동안 기도를 계속한 것은 정말 다행스런 일이었다. 따라서 우리는 다니엘의 모범을 따라야 한다. 하나님께서 우리의 기도를 듣지 않으시는 것처럼 보일 때, 기도 응답이 늦어지는 것처럼 보일 때 우리는 기도를 포기하지 말아야 한다. 기도하는 데는 시간이 필요하고, 기도의 응답을 받는 데도 시간이 필요하다.

   기도 응답이 늦어진다고 해서 하나님께서 기도 응답을 거절하시는 것은 아니다. 즉시 응답이 없다고 해서 하나님께서 기도를 듣지 않으시는 것은 아니다. 기도에 성공하려면 담대함이 필요할 뿐만 아니라 많은 인내심도 필요하다. "너는 여호와를 기다릴지어다 강하고 담대하며 여호와를 기다릴지어다"(시 27:14)라는 시편 기자의 말을 명심하라.

PRAYER AND PRAYING MEN 10

1. 어떠한 상황에서도 기도의 타협은 하지 말라.

다니엘은 왕 외의 어떤 신에게나 사람에게 무엇을 구하면 사자 굴에 던져질 것이라는 왕명에도 불구하고 하나님을 향해 하루 세 번씩 무릎을 꿇고 기도하며 감사하는 것을 멈추지 않았다. 이러한 다니엘의 모습은 극한의 환경에서도 단호히 신앙을 지킨 모범적인 모습이다. 사자 굴에 던져진 다니엘은 하나님의 은혜로 머리털 하나도 상하지 않은 채 완전히 건짐을 받았다.

2. 위기의 상황에서 하나님께 겸손히 지혜를 구하라.

어느 날 바벨론의 왕 느부갓네살은 자신이 꾼 꿈과 그 해석을 당시의 지혜자들에게 보이게 했다. 그러나 이를 보일 자가 없자 진노하고 분통하여 바벨론의 모든 지혜자를 죽이라고 명령했다. 여기에는 다니엘과 그의 세 친구도 포함되어 있었다. 이에 다니엘은 하나님께 긍휼과 지혜와 능력을 구함으로써 그 꿈과 해석을 왕께 말할 수 있었다.

3. 기도 응답이 늦어진다고 기도 응답이 거절된 것은 아니다.

다니엘은 인간의 눈이 볼 수 없는 곳에서 자신을 사이에 두고 선한 영들과 악한 영들이 치열한 싸움을 벌이는 동안 기도를 멈추지 않았다. 우리는 이러한 다니엘의 모범을 따라야 한다. 하나님께서 우리의 기도를 듣지 않으시는 것처럼 보일 때, 기도 응답이 늦어지는 것처럼 보일 때 우리는 기도를 포기하지 말아야 한다.

✢

다니엘이 … 예루살렘으로 향한 창문을 열고 전에 하던 대로
하루 세 번씩 무릎을 꿇고 기도하며 그의 하나님께 감사하였더라

다니엘서 6장 10절

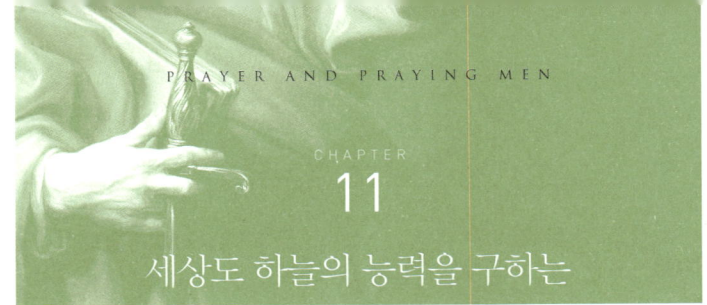

CHAPTER 11
세상도 하늘의 능력을 구하는
기도의 강자를 바란다

죄인도 알고 있는 기도의 능력

'기도'라는 관점에서 구약을 연구할 때 발견되는 기도의 특징 중 하나는 불의하고 타락한 사람들조차 기도의 능력을 믿었다는 사실이다. 그런 사람들은 당시 기도의 위인들의 기도가 얼마나 큰 힘이 있는지를 잘 알았다. 그들이 볼 때에도 기도의 사람들은 하나님을 믿고 하나님께 은혜를 입고 하나님께 기도하는 사람들이었다. 그들은 기도의 사람들이 하나님의 마음을 움직이기 때문에 하나님의 진노를 돌이키고 재앙에서 건짐 받을 수 있다는 사실을 알았다.

그들은 곤경에 처했을 때, 예를 들면 그들의 죄 때문에 하나님의 진노가 임박하거나 실제로 재앙이 임했을 때 기도에 대한 그들의 믿음을 보여주었다. 그런 그들의 믿음은 하나님의 진노를 돌이켜서 재앙을 면할 수 있도록 기도해달라고 기도의 사람들에게 호소한 데서 드러났다. 그들이 기도의 사람들에게 중보기도를 부탁한 것은 기도가 사람들을 구하는 하나님의 방법이라는 사실을 알았기 때문이다.

이 땅에 존재하는 역설 중 하나는 하나님을 떠나 큰 죄에 빠진 사람들조차 하나님의 존재를 믿었다는 것이다. 그런 의미에서 그들은 하나님을 떠나 죄에 빠져 있음에도 무신론자나 불신자가 된 것은 아니었다. 악한 사람들도 하나님의 존재에 대한 믿음을 굳게 붙들었다. 죄 사함을 얻어 하나님의 진노에서 벗어나도록 해주는 기도의 능력에 대한 믿음이 그들에게도 있었다.

지금도 종종 죄인들이 기도의 능력을 믿고 그리스도인들에게 중보기도를 부탁한다. 이런 일을 볼 때 우리는 교회가 죄인들에게 영향을 미치고 있다는 것을 알 수 있다. 임종을 앞둔 죄인이 기도의 사람을 불러서 자신을 위해 기도해달라고 부탁한다는 사실은 매우 흥미롭고 또 중요한 사실이다.

죄인을 위해 기도하는 일

 죄책감에 시달리며 하나님의 진노를 느끼는 죄인들이 뉘우치는 마음으로 교회의 제단으로 다가와 "기도의 사람들이여, 나를 위해 기도해주시오"라고 말하는 것은 매우 귀한 일이다. 하지만 교회는 그들의 그런 행동에 담긴 깊은 뜻을 잘 이해하지 못한다. 교회는 자신들의 불멸의 영혼을 위해 기도해달라고 부탁하는 죄인들을 위해 기도하는 일이 얼마나 중요한지를 잘 모른다.

 교회가 온전히 깨어서 하나님을 섬긴다면, 교회가 회심(回心)하지 못한 주변 사람들의 영적 위험에 민감하다면, 교회가 영적으로 성장하고 있다면, 더욱 많은 죄인들이 교회의 제단을 찾아와 기도의 사람들에게 "내 영혼을 위해 기도해주시오"라고 부탁할 것이다.

 죄인들을 위한 기도가 많이 드려진다고는 하지만 그것들은 차갑고 형식적이고 공식적인 기도에 불과하기 때문에 하나님께 상달하지 못하고 아무 열매도 맺지 못한다. 죄인들이 기도의 사람들에게 기도를 부탁할 때 부흥은 시작된다.

 구약을 볼 때, 우리의 주목을 끄는 것들이 몇 가지 있다.

첫째, 기질적으로 하나님을 대적하던 죄인들도 고난이 닥치면 도움과 피난처를 얻기 위해 거의 무의식적으로 기도의 사람들을 찾았다. 그들은 기도의 사람들에게 "우리를 위해 기도해주시오"라고 부탁했다.

둘째, 도움을 구하는 죄인들을 만났을 때 기도의 사람들은 즉시 반응하여 그들을 위해 하나님께 중보기도를 드렸다. 더욱이 우리의 주목을 끄는 것은 기도의 사람들이 언제나 기도의 마음을 갖고 있었기 때문에 언제나 하나님께 물을 수 있었다는 것이다. 언제나 기도의 사람들은 기도할 수 있는 마음의 자세를 지니고 살았다.

셋째, 기도의 사람들이 하나님께 호소할 때는 언제나 그분의 마음을 움직였다. 기도의 사람들이 기도할 때 거의 항상 하나님께서는 그들의 중보기도에 즉시 응답하셨다.

교회 초기에는 중보기도가 무척 많았다. 하지만 지금은 그렇지 못하다. 우리가 진지하게 고민해야 할 문제는 오늘날의 교회가 불신자 죄인들을 위해 얼마나 기도하고 있느냐 하는 것이다. 오늘날의 죄인들은 하나님의 진노를 피하고 열매 없는 삶을 끝내고 구원을 얻도록 도와주는 기도의 능력을 믿지 않는데, 그것은 오늘날의 교회 때문이다. 오늘날 시온에서 탄식하는 사람이 적은 것은 교회 때문이다. 제단으로 나와 구원을 얻고 중보기도의 능력을 맛보라는 호소를 무시하고 가볍게 여기는 사람들이 많은 것은 교회 때문이다.

중보기도를 부탁하는 사람들

악한 사람들이 기도의 능력을 믿고 하나님의 사람에게 중보기도를 부탁한 첫 사례는 하나님께서 진노하셔서 이스라엘 백성에게 불뱀들을 보내신 사건에서 발견된다. 이스라엘 백성은 호르 산에서 출발하여 홍해 길을 따라 에돔 땅을 우회하려 했다가 길로 말미암아 마음이 상했기 때문에 하나님과 모세를 원망했다(민 21:4 참조). 이에 대한 기록을 읽어 보자.

> 백성이 하나님과 모세를 향하여 원망하되 어찌하여 우리를 애굽에서 인도해내어 이 광야에서 죽게 하는가 이곳에는 먹을 것도 없고 물도 없도다 우리 마음이 이 하찮은 음식을 싫어하노라 하매 여호와께서 불뱀들을 백성 중에 보내어 백성을 물게 하시므로 이스라엘 백성 중에 죽은 자

> 가 많은지라 백성이 모세에게 이르러 말하되 우리가 여호
> 와와 당신을 향하여 원망함으로 범죄하였사오니 여호와
> 께 기도하여 이 뱀들을 우리에게서 떠나게 하소서 모세가
> 백성을 위하여 기도하매 민 21:5-7

이스라엘 백성이 비록 하나님을 멀리 떠나고 그분께 불평하는 큰 죄를 범했지만 기도에 대한 믿음만큼은 버리지 않았다. 그들은 이스라엘의 지도자가 기도로 하나님의 마음을 움직여서 자기들을 재앙에서 건져줄 수 있다는 사실을 잊지 않았다.

이스라엘 민족이 남북으로 분열될 때, 북이스라엘 열 지파의 초대 왕이었던 여로보암도 기도의 능력을 믿었던 죄인의 또 다른 예이다. 여로보암은 하나님을 떠나는 죄를 범한 악명 높은 사람이었다. 이 사실은 훗날 이스라엘 역사에서 '느밧의 아들 여로보암의 죄'라는 말이 종종 등장하는 것에서도 충분히 알 수 있다.

그런데 그가 하나님이 보시기에 그토록 악한 사람이었음에도 불구하고 그는 기도의 능력에 대한 믿음만큼은 잃어버리지 않았다. 언젠가 주제님게 대제사장의 직무를 스스로 취한

여로보암은 분향하기 위해 제단 곁에 섰다. 그때 유다에서 온 한 선지자가 제단을 향하여 "제단이 갈라지며 그 위에 있는 재가 쏟아지리라"(왕상 13:3)고 외쳤다. 여로보암은 그 선지자의 말이 레위기의 법을 어기고 제사장의 직무를 취한 자기를 공개적으로 꾸짖는 말이라고 해석했다. 분노한 여로보암은 제단에서 손을 펴며 그의 주변에 있는 사람들에게 "그를 잡으라"(왕상 13:4)고 소리쳤다.

그러나 그 순간 하나님께서 여로보암을 나병으로 치셨기 때문에 그는 자신의 뻗은 손을 다시 오므릴 수 없었다. 그리고 선지자의 말대로 제단이 갈라졌다. 마치 벼락처럼 갑자기 떨어진 선지자의 책망에 놀란 여로보암 왕은 큰 두려움에 사로잡혀 하나님의 사람에게 "청하건대 너는 나를 위하여 네 하나님 여호와께 은혜를 구하여 내 손이 다시 성하게 기도하라"(왕상 13:6)라고 부탁했다. 그후에 전개된 상황에 대해 성경은 "하나님의 사람이 여호와께 은혜를 구하니 왕의 손이 다시 성하도록 전과 같이 되니라"(왕상 13:6)라고 기록했다.

물론 이 사건은 선지자의 기도의 능력이나 기도의 필요성을 보여준다. 하지만 지금 우리의 이야기의 초점은 그런 것들에 있지 않다. 지금 우리가 주목해야 할 것은 하나님을 떠나서 그 토록 무서운 죄를 범한 이스라엘의 지도자가 하나님의 진노의 형벌을 받았을 때 즉시 기도의 사람에게 중보기도를 부탁했다는 사실이다. 이 사건은 하나님을 대적하는 죄인이 하나님의 사람이 드리는 기도의 능력을 믿었다는 것을 보여준다.

오늘날 기독교 국가라는 곳에서 슬픈 현상이 벌어지고 있다. 교회의 기도가 약해지고 있다. 그런데 더욱 슬픈 것은 교회의 경건이 죄인들에게 거의 영향을 주지 못하기 때문에 죄인들이 기도의 능력을 믿지 않고 기도하는 사람들의 기도에 거의 관심이 없다는 것이다.

하나님의 사람을 찾은 여로보암

여로보암 왕에게 또 다른 사건이 일어났다. 그것은 그의 아들이 병들어 죽게 된 것이었다. 이 악하고 차가운 왕은 그의 아들이 결국 어떻게 될 것인지를 알기 위해 그의 아내를 아히야 선지자에게 보냈다. 여로보암의 아내는 시력을 거의 상실한 늙은 선지자를 속이기 위해 변장을 했는데, 그것은 자기의 신분을 감추기 위함이었다. 그러나 눈이 어두운 아히야에게는 선지자의 환상이 있었다.

아히야 선지자는 그녀가 누구인지 알고 있다고 그녀에게 즉시 말했다. 그는 여로보암의 나라에 대해 중요한 것들을 많이 말하고 또 그가 하나님의 계명을 지키지 않은 것을 책망했다. 그런 다음 그는 여로보암의 아내에게 "너는 일어나 네 집으로 가라 네 발이 성읍에 들어갈 때에 그 아이가 죽을지라"(왕상 14:12)라고 말했다.

자식 때문에 곤경에 처한 아버지가 기도의 사람에게 도움을 구하는 것은 지극히 당연한 일이다. 여로보암도 그러했다. 제단이 갈라진 사건에서도 그랬듯이 그는 비록 큰 죄인이었지만 하나님의 사람이 드리는 중보기도의 능력을 잘 알고 있었다. 자식이 죽을지도 모르는 상황에서 그의 아내가 아히야 선지자를 찾아간 것이 그 아이를 살리지는 못했다. 하지만 그것은 구약 시대의 죄인들이 기도의 사람들은 아니었지만 기도의 사람들이 드리는 기도의 능력을 확실히 믿었음을 보여준 사건이다.

예레미야의 중보기도

또 다른 예를 보자. 이스라엘 백성이 포로가 되어 바벨론으로 끌려갔을 때의 일이다. 요하난과 예레미야는 다른 작은 무리와 함께 고국에 그대로 남아 있었다. 이스마엘이 바벨론에 의해 유다의 총독으로 임명된 그다랴를 죽이고 사람들을 끌고 갔지만, 요하난이 쫓아가 사람들을 구출했다. 그런 후에 요하난은 애굽으로 들어가기를 원했다(하지만 그들이 애굽으로 가는 것은 하나님의 계획이 아니었다). 애굽으로 가야 할지 말아야 할지에 대해 결정을 내려야 할 중대한 상황에서 요하난은 모든 백성들을 모아서 예레미야 선지자에게 찾아가 다음과 같이 부탁했다.

> 당신은 우리의 탄원을 듣고 이 남아 있는 모든 자를 위하여 당신의 하나님 여호와께 기도해주소서 당신이 보는 바와 같이 우리는 많은 사람 중에서 남은 적은 무리이니 당신의 하나님 여호와께서 우리가 마땅히 갈 길과 할 일을 보이시기를 원하나이다 렘 42:2,3

죄인들이 선한 기도의 사람들에게 도움을 청하는 다른 모든 경우들과 마찬가지로 이 경우에도 예레미야는 '마땅히 갈 길과 할 일'을 알기 원하는 자들을 위해 중보기도를 했다. 열흘 후에 그에게 기도 응답이 주어졌다. 그들은 그들을 위한 하나님의 뜻이 무엇인지를 예레미야를 통해 듣게 되었다. 한마디로 말해서, 하나님은 그들에게 애굽으로 내려가지 말고 예루살렘이나 그 부근에서 살라고 말씀하셨다. 그러나 백성들과 요하난은 예레미야가 악의적으로 거짓말을 한다고 주장했다. 그들은 기도 응답을 통해 전달된 하나님의 뜻에 따르기를 거부했다. 물론 그들이 예레미야의 말을 믿지 않고 하나님의 뜻을 거역한 것은 잘못이지만 그들이 기도의 사람들이 드리는 기도의 능력을 믿은 것은 사실이다.

모두가 인정하는 기도의 능력과 필요성

구약시대에 죄인들이 기도의 능력을 믿었다는 것을 말해주는 또 다른 경우를 살펴보자. 구약시대에 죄인들조차 기도의 능력을 믿었다는 것은 그 시대에 기도가 얼마나 중요한 것으로 간주되었는지를 간접적으로 말해준다. 그 시대에 거의 모든 사람들은 기도의 필요성을 인정했다. 그 시대에는 죄인들조차 기도의 능력과 필요성을 인정하는 행동을 보였다.

죄인들조차 기도의 가치를 인정했다면, 죄인들조차 다른 사람들에게 기도를 부탁했다면, 오늘날의 신앙인들은 마땅히 기도의 필요성을 깊이 느끼고 기도의 능력을 굳게 믿어야 한다. 구약시대의 사람들이 그토록 위대한 기도의 사람들이었기 때문에 기도의 사람들로 소문이 났다면, 이 시대 즉 은혜가 이토록 넘치는 이 시대를 살아가는 그리스도인들도 기도의 사람들로 소문이 날 정도로 기도에 전념해야 한다.

하나님의 백성이 포로로 잡혀가는 일이 시작될 무렵 유다의 왕은 시드기야였다. 그때 그는 두 명의 선택된 사람을 에레미야에게 보내어 다음과 같이 말했다.

> 바벨론의 느부갓네살 왕이 우리를 치니 청컨대 너는 우리를 위하여 여호와께 간구하라 여호와께서 혹시 그의 모든 기적으로 우리를 도와 행하시면 그가 우리를 떠나리라 렘 21:2

하나님께서는 이스라엘 백성이 어떻게 해야 할 것인지를 예레미야를 통해 말씀해주셨다. 그러나 다른 경우와 마찬가지로, 예를 들면 요하난과 마찬가지로 시드기야도 예레미야를 통해 전달된 하나님의 지시에 따르려고 하지 않았다. 물론 그가 하나님의 뜻을 거역한 것은 잘못이지만 그가 기도의 능력을 믿은 것은 사실이다. 그는 기도가 하나님의 뜻을 알 수 있는 방법이라고 믿는 믿음을 잃지는 않았던 것이다. 그래서 그는 기도의 사람이 드리는 기도의 능력에 의지했다.

구약의 모든 역사에서 기도는 독보적인 위치를 차지하고 있었던 것이 분명하다. 구약시대에 하나님의 사람들이 그들의 기도생활 때문에 주목을 받은 것이 사실이다. 하지만 그 시대에 그런 일만 있었던 것은 아니다. 그 시대에는 하나님을 떠나 그분의 뜻에 거역한 사람들조차 기도의 사람들에게 중보기도를 부탁함으로써 결과적으로 기도의 능력을 증거해주었다. 이것이 구약의 역사에서 분명히 나타나기 때문에 구약을 주의 깊게 읽는 사람은 이것을 발견하고 주목하게 된다.

PRAYER AND PRAYING MEN 11

1. 불의하고 타락한 사람들도 기도의 능력을 알고 있다.

이 땅에 존재하는 역설 가운데 하나는 하나님을 떠나 큰 죄에 빠진 사람들조차 하나님의 존재를 믿는다는 것이다. 그들은 하나님을 떠나 죄에 빠져 있음에도 무신론자나 불신자가 된 것이 아니었다. 그들도 기도에 하나님의 진노에서 벗어나도록 해주는 능력이 있음을 알았다.

2. 우리는 중보기도를 부탁하는 죄인들을 위해 기도해야 한다.

죄책감에 시달리며 하나님의 진노를 느끼는 죄인들이 '기도의 사람들'에게 다가와 기도를 부탁하는 것은 무척 귀한 일이다. 하지만 오늘날 교회는 그런 행동에 담긴 깊은 뜻을 잘 이해하지 못한다. 교회는 자신들의 불멸의 영혼을 위해 기도해달라고 부탁하는 죄인들을 위해 기도하는 일이 얼마나 중요한지 깨달아야 한다. 교회가 회심하지 못한 주변 사람들의 영적 위험에 민감하다면 더욱 많은 죄인들이 교회의 제단을 찾아와 기도를 부탁할 것이다.

3. 기도의 위대한 능력을 굳게 믿고 더욱 기도에 전념해야 한다.

구약성경을 보면 죄인들조차 기도의 가치를 인정하고 기도의 사람들에게 기도를 부탁한 것을 많이 볼 수 있다. 구약시대에는 '기도의 강자'로 소문난 사람들이 많이 있었다. 그렇다면 이 시대, 즉 은혜가 넘치는 이 시대를 살아가는 그리스도인들도 '기도의 강자'로 소문이 날 정도로 기도에 전념해야 한다.

✢

하나님의 사람이 여호와께 은혜를 구하니
왕의 손이 다시 성하도록 전과 같이 되니라

열왕기상 13장 6절

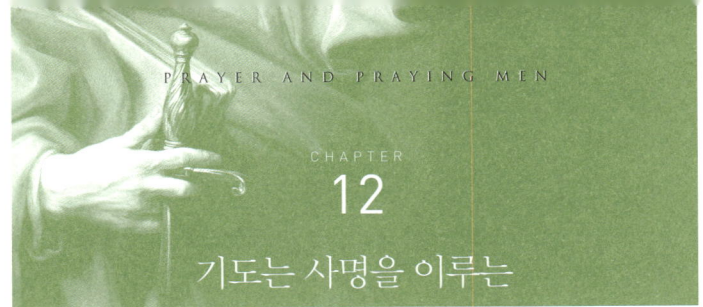

CHAPTER 12

기도는 사명을 이루는 가장 강력한 하늘 무기이다

교회의 최고 사명

사도 바울은 사람들에게 말을 하거나 편지를 쓸 때 기도의 중요성을 강조했다. 기도의 필요성을 외치는 그의 역설은 매우 절박하고 강력하고 집요하고 감동적이었다. 디모데에게 쓴 편지에서 그는 디모데에게 "내가 첫째로 권하노니 모든 사람을 위하여 간구와 기도와 도고와 감사를 하되"(딤전 2:1)라고 말했다.

그의 교훈에 따르면, 기도야말로 그리스도의 교회가 해야 할 최고의 사명이다. 다른 무엇보다도 교회는 우선 기도하는 교회가 되어야 한다. 그리스도의 교회는 모든 사람들을 위해 기도해야 한다. 바울은 빌립보교회의 신자들에게도 비슷한 권면을 했다. 즉, 그들에게 "아무것도 염려하지 말고 다만 모든 일에 기도와 간구로, 너희 구할 것을 감사함으로 하나님께 아뢰라"(빌 4:6)라고 말했다. 교회는 아무것도 염려해서는 안 된다. 그리고 범사에 기도해야 한다. 기도의 제목으로 삼기에 너무 사소한 것이란 있을 수 없다. 하나님께서 해결하시지 못할 만큼 큰 문제는 없다.

> 항상 기뻐하라 쉬지 말고 기도하라 범사에 감사하라 이것이 그리스도 예수 안에서 너희를 향하신 하나님의 뜻이니라 살전 5:16-18

바울은 데살로니가교회에 보낸 편지에서 항상 기뻐하고, 쉬지 말고 기도하고, 범사에 감사하라고 말했다. 이것은 지극히 중요하고 본질적인 명령이었다. 교회는 쉬지 않고 기도하는 일에 힘써야 한다. 교회에서 기도가 끊어지면 안 된다. 이것이 이 땅의 교회를 향한 하나님의 뜻이다.

바울은 기도에 전념했다. 뿐만 아니라 그는 기도의 본질적 중요성을 지속적으로 매우 강조했다. 그는 당시의 교회에 기도하라고 가르쳤는데, 그가 의미하는 기도는 '지속적 기도'였다. 기도에 관한 그의 모든 권면의 핵심은 "기도를 계속하고 … 깨어 있으라"(골 4:2)라는 말에 담겨 있다. 바울은 기도라는 중요한 것을 사람들에게 강조하기 위해 "(항상) 모든 기도와 간구를 하되"(엡 6:18)라는 표현을 사용했다. 바울은 "각처에서 남자들이 분노와 다툼이 없이 … 기도하기를 원하노라"(딤전 2:8)라고 말했는데 그의 간절한 소원과 기도에 대한 그의 생각이 이 말에서 잘 드러나고 있다. 사실 바울은 자신이 기도에 대해 가르친 대로 실제로 기도했다. 그렇기 때문에 그는 편지와 말을 통해서 다른 사람들에게도 기도에 대해 그토록 강조할 수 있었던 것이다.

바울의 가장 큰 강점

바울은 하나님에 의해 지도자로 임명되었을 뿐만 아니라 많은 사람들에 의해 지도자로 인정받은 사람이었다. 그의 강점들은 그의 일에 큰 도움이 되었다. 예를 들면, 그의 분명하고 본질적인 회심(回心) 사건은 지도자로서의 그에게 큰 강점이었다. 비유로 말하자면, 그것은 공격용 무기와 방어용 무기를 모두 갖춘 탄약고 같은 것이다. 또한 그가 사도로 부름을 받은 분명하고 확실한 사건도 그의 큰 강점이다. 그러나 이런 사건들이 그의 사역의 최대 열매를 이끌어낸 가장 큰 요인은 아니다. 그가 사명의 길을 흔들림 없이 달려가면서 더욱 많은 열매를 맺도록 힘이 되어준 가장 큰 요인은 바로 기도이다.

따라서 바울이 자신의 글과 설교를 통해 기도를 그토록 강조한 것은 결코 놀랄 만한 일이 아니다. 그것은 지극히 당연한 일이다. 그의 개인적 삶에서 가장 힘썼던 것이 기도였기 때문에 그의 교훈에서도 가장 중요한 자리를 차지하는 것이 바로 기도였다. 기도에 대한 그의 교훈이 힘을 발휘할 수 있었던 것은 그가 기도의 모범을 보였기 때문이다. 그는 말과 행동이 일치하는 사람이었다. 그의 가르침과 실천 사이에는 모순이 없었다.

바울이 최고의 사도가 될 수 있었던 것은 그가 기도에서 최고였기 때문이다. 그가 최고의 사도가 되는 데 기여한 것은 바로 기도였다. 그는 기도에 더욱 힘썼기 때문에 훌륭한 '기도 선생'이 될 수 있었다. 그는 기도가 무엇이며, 기도가 무엇을 이룰 수 있는지를 다른 사람들에게 가르치는 일에 적임자였는데, 그것은 바로 그가 열심히 기도했기 때문이다. 그가 간절히 기도하는 사람이었기 때문에 그는 다른 사람들에게 기도를 소홀히 하지 말라고 가르칠 자격이 있었다. 기도가 그토록 중요했던 것이다!

바울은 기도의 중요성을 잘 알았기 때문에 누구보다도 많이 기도했다. 다른 누구보다도 기도중심적 삶을 살았기 때문에 그는 최고의 사도가 될 수 있었다. 하늘나라에 있는 왕의 자녀들의 면류관 중에서 최고의 면류관은 '순교의 면류관'이다. 그런데 바울이 순교의 면류관을 쓸 수 있었던 것은 바로 기도 때문이었다.

기도자의 권면을 따르라

다른 사람들에게 기도하라고 가르치는 사람은 자신부터 기도에 전념해야 한다. 다른 사람들에게 기도의 중요성을 강조하는 사람은 제일 먼저 기도의 좁은 길을 가야 한다. 설교자가 기도를 많이 할수록 그는 청중에게 기도의 중요성을 강조하고 싶은 마음이 그만큼 많이 생긴다. 기도를 많이 하는 목회자

일수록 기도에 대한 설교를 할 자격이 많아진다. 따라서 오늘날 기도에 대한 설교가 그토록 적은 이유가 이제 분명히 드러났다. 설교자가 기도의 사람이 아니기 때문에 기도에 대한 설교가 그토록 적은 것이다!

기도에 대한 바울의 태도를 볼 때, 기도의 능력이 이 시대에 절대적으로 요구된다. 개인의 장점, 개인의 강한 의지, 개인의 확고한 신념, 개인의 교양과 재능, 개인의 소명, 이런 것들 중 일부 혹은 모든 것을 통해 하나님의 교회를 이끌고 나갈 수 있다면 기도는 불필요할 것이다. 깊은 경건, 목적을 향한 흔들림 없는 헌신, 예수 그리스도를 향한 뜨거운 충성심, 이런 것들 중 일부 혹은 모든 것이 기도 없이도 생길 수 있다면 바울은 기도하지 않았을 것이다.

교회 지도자가 기도의 필요성을 초월할 수 있다면 바울이 기도를 그토록 강조하지 않았을 것이다. 하지만 하나님께 사랑을 받고 뛰어난 재능을 지니고 있으며 헌신적인 바울이 쉬지 않는 기도의 필요성을 느꼈다면, 그런 바울이 기도의 장점들과 필요성을 절박하게 느끼고 강조했다면, 그런 바울이 교회가 끊임없이 기도해야 한다고 그토록 고집스럽게 주장했다면, 사도로서 그의 사역을 통해 복음을 알게 된 그의 형제들은 마땅히 언제 어디에서나 간절히 기도해야 할 것이다.

사도 바울은 그 자신이 기도했고, 교회에 기도하라고 그토록 절박하게 명령했다. 이 사실은 세상에서 도덕적 힘을 발휘하는 기도의 절대적 필요성을 보여주는 가장 확실한 증거이다. 또 이 사실은 복음의 진보와 전파뿐만 아니라 개인 경건의 성장에서 기도가 필수적인, 양도할 수 없는 요소라는 것을 말해주는 가장 분명한 증거이다. 바울이 볼 때 기도 없이는, 좀 더 정확히 말해서 많은 기도 없이는 교회의 성장이 있을 수 없고 개인의 경건이 있을 수 없었다. 향로에서 향이 피어오르듯이 기도가 피어오르는 교회가 있는가? 향로의 불길이 거침없이 타오르듯이 삶과 습관과 인격에서 기도의 불길이 활활 타오르는 지도자가 있는가? 그런 교회와 지도자는 틀림없이 하나님께 영광을 돌릴 것이다.

거룩한 습관과 기도의 본질이 무엇인지를 설명해주는 사도 바울은 "어디에서나 기도하라. 범사에 기도하라. 언제나 간절히 기도하라. 쉬지 말고 기도하라"라고 명령한다.

기도의 모범을 가르치라

바울이 사랑하고 아낀 사람은 디모데였다. 바울과 디모데는 서로를 사랑했다. 그들이 더욱 가까워질 수 있었던 것은 그들 사이에 비슷한 점들이 있었기 때문이다. 바울이 보았을 때 디모데는 자신의 영적 후계자가 될 만한 자질을 갖춘 사람이었다. 바울은 디모데가 교회를 세우고 성장시키는 데 반드시 필요한 영적 원칙과 능력을 지닌 지도자였다.

바울은 근본적이고 본질적인 진리들을 디모데에게 적용하고 또 심어주기를 원했다. 바울이 볼 때 디모데는 그런 진리들을 맡아서 잘 보존하고 또 고스란히 후대에 전할 수 있는 사람이었다. 그리하여 바울은 "내가 첫째로 권하노니 모든 사람을 위하여 간구와 기도와 도고와 감사를 하되"(딤전 2:1)라고 권면함으로써 모든 시대에 적용될 수 있는 기도의 모범을 디모데에게 제시했다.

이 이야기를 계속 진행하기 전에 우리가 주목해야 할 것이 있다. 그것은 바울이 성령의 직접적인 감독 아래 편지를 썼다는 것이다. 그가 편지를 쓸 때 성령께서는 그가 오류를 범하지 않도록 지켜주셨고, 또 그가 가르쳐야 할 진리들을 알려주셨다. 우리는 조금도 타협 없이 성경의 절대적 영감(靈感)을 굳게 믿는다. 바울의 글이 성경의 중요한 부분으로 자리 잡고 있기 때문에 그의 편지들은 성경, 즉 하나님의 말씀의 일부이다. 그렇다면 바울이 분명히 주장한 기도의 교리는 성령의 교리이다.

그의 편지들은 하나님의 말씀에 속하는 것이요, 성령의 감동으로 기록된 것이요, 진정한 것이요, 신적 권위를 갖는 것이다. 따라서 바울이 가르친 기도의 교리는 전능하신 하나님께서 그분의 교회가 받아들이고 믿고 실천하기를 원하시는 교리이다.

바울이 디모데에게 한 말은 신적 영감을 갖는 말이다. 성경의 이 부분은 단지 제안하는 말이 아니며, 기도가 무엇인지를 대략적으로 설명해주는 말도 아니다. 바울의 말은 기도가 무엇인지, 우리가 기도를 어떻게 해야 하는지를 잘 설명해주며, 또 왜 기도해야 하는지에 대한 이유를 설득력 있게 제시한다. 그렇기 때문에 우리는 바울의 말에 항상 귀를 기울여야 한다.

바울은 기도에 대해 디모데에게 다음과 같이 말했다.

그러므로 내가 첫째로 권하노니 모든 사람을 위하여 간구와 기도와 도고와 감사를 하되 임금들과 높은 지위에 있는 모든 사람을 위하여 하라 이는 우리가 모든 경건과 단정함으로 고요하고 평안한 생활을 하려 함이라 이것이 우리 구주 하나님 앞에 선하고 받으실 만한 것이니 하나님은 모든 사람이 구원을 받으며 진리를 아는 데에 이르기를 원하시느니라 하나님은 한 분이시요 또 하나님과 사람 사이에 중보자도 한 분이시니 곧 사람이신 그리스도 예수라 그가 모든 사람을 위하여 자기를 대속물로 주셨으니 기약이 이르러 주신 증거니라 … 그러므로 각처에서 남자들이 분노와 다툼이 없이 거룩한 손을 들어 기도하기를 원하노라 딤전 2:1-6,8

기도에 대한 이 구절은 모든 시대의 모든 그리스도인을 위한 영적 유산과 영적 습관이 무엇인지를 말해준다. 비유적으로 말하자면, 이 말씀은 기도라는 도구를 위한 사용설명서이다. 이 구절은 기도의 힘과 기도의 다양한 측면들을 말해준다. 역사상 위대한 의무들이 많지만, 그것들 중에서 단연 으뜸은 기도이다. 인간이 할 수 있는 위대한 일들이 많지만 그것들 중에서 단연 으뜸은 기도이다. 기도는 절박하고 중요하고 능력 있는 것이기 때문에 다른 영적인 일들보다 더욱 가치 있는 것이다.

기도하지 않는 사람은 아무것도 아니다. 그런 사람은 아무 쓸모가 없다. 아니, 차라리 없는 것이 더 낫다. 하나님과 그리스도와 하늘나라의 입장에서 볼 때, 그런 사람은 차라리 없는 것이 더 낫다. 기도는 단순히 중요한 것들 중 하나가 아니라 중요한 것들 중에서도 최고로 중요한 것이다. 그렇기 때문에 바울은 "내가 첫째로 권하노니"라고 말하면서 기도를 가장 앞세운다.

기도의 자리는 맨 앞자리이다

바울의 가르침에 의하면 기도는 이 땅의 모든 것들 중에서 가장 중요한 것이다. 그 밖의 모든 것들은 기도에 최고의 자리를 양보하기 위해 자제심을 발휘하여 뒤로 물러나야 한다. 기도를 앞세워라. 기도에게 늘 제일 앞자리를 양보하라. 기도에게 제일 앞자리를 줄 것인가 말 것인가 하는 문제 때문에 싸움이 벌어질 것이다. 이 싸움의 승패가 다른 모든 것들의 승패를 가를 것이다.

기도에게 두 번째 자리를 준다는 것은 사실상 기도를 폐위(廢位)시키는 것이다. 그것은 기도에 족쇄를 채우고 기도를 멸하는 것이다. 기도에게 첫 번째 자리를 주면 하나님께 제일 앞자리를 드리는 것이기 때문에 승리는 보장된다. 기도는 왕 노릇하든지 아니면 보좌에서 내려와야 한다. 당신은 기도에게 어떤 자리를 줄 것인가?

바울의 가르침에 의하면, 우리는 기도의 모든 형식들(간구와 기도와 도고와 감사)을 사용하여 사람들을 위해 기도해야 한다. 우리는 범사에 기도해야 하는데, 이 세상에서 필요한 것들을 위해 기도해야 하고 또 영적인 것들을 위해 기도해야 한다. 그런데 기도에 대한 교훈을 주면서 바울은 기도의 최고의 결과와 목적에 대해 언급한다. 다시 말해서, 그는 기도가 사람들을 겨냥해야 한다고 가르친다.

사람들의 유익과 인격과 행동과 운명이 모두 기도에 의해 좌우된다. 따라서 기도는 가장 고상한 목적을 향해 최고의 길을 달리는 자동차에 비유될 수 있다. 우리는 사람들을 위한 물질과 행복과 구제에 민감하고 그런 것들을 추구하는 경향이 있지만, 바울은 사람들 자체를 기도의 대상으로 삼는다. 바울은 기도의 폭을 넓히고 기도를 더욱 고상한 것으로 만든다. 그에 의하면, 사람들이 어떤 사정과 형편에 처해 있든지 간에 결국은 그들이 기도의 대상이 되어야 한다는 것이다.

분노 없이 기도하라

바울의 교훈에 따르면, 본질적으로 기도는 내면적 성격을 지닌다. 우리 안의 영(靈)이 기도한다. 따라서 우리는 "분노 없이 … 기도하기를 원하노라"(딤전 2:8)라는 바울의 말에 주목해야 한다. 분노는 수액(樹液)의 움직임으로 비유될 수 있다. 수액은 기온이 올라가면 활동하게 된다. 봄의 따스한 기운이 작용하면 수액은 나무줄기를 타고 위로 올라간다. 수액이 나무줄기를 타고 올라가듯이 사람의 분노도 마음속에서 끓어오른다. 온갖 욕구와 소원과 감정에 자극이 가해지면 그것들이 분노로 바뀌어 끓어오른다. 하지만 우리는 그런 분노를 경계하고 억눌러야 한다. 왜냐하면 분노를 계속 품거나 키우면서 기도할 수 없기 때문이다. 분노 없이 기도하라. 더욱 고상하고 더욱 아름다운 생각들은 기도에 힘을 주지만, 분노는 기도를 억누르고 방해한다.

'분노 … 없이'라는 말을 다르게 표현하면 '분노를 이용하지 않고', '분노와 관계없이', '분노에 초연하여'라는 뜻이다. 인간의 본성에 지배당하는 마음, 즉 새롭게 되지 못한 마음은 기도할 수 없다. 그런 마음에서 솟아나는 뜨거움은 기도에 독을 뿌리고 기도를 죽인다. 인간의 본성에 지배 당하는 마음으로는 기도할 수 없다. 우리는 본성으로 기도할 수 없다. 그것이 아무리 친절하고 선한 본성이라도 본성으로 기도할 수 없다.

인생의 고난 앞에서 기도하라

기도는 인격의 시험대이다. 우리가 우리의 상황에서 얼마나 성실한지, 다른 사람들과의 관계에서 얼마나 충실한지 판단할 수 있는 척도는 바로 기도이다. 어떤 상황은 기도하기에 매우 유리하다. 그런 상황은 기도를 성장하게 하고 온전케 하는 토양이다. 어떤 상황에서는 기도가 자연스럽게 된다. 그런데 어떤 상황에서 기도하지 않는 사람은 마음이 돌같이 굳어 있는 것인데, 그런 사람은 상황을 더욱 어렵게 만들어버린다. 고통을 누그러뜨리기 힘든 인생의 폭풍 가운데 있는 사람은 기도하기에 적당한 상황에 처해 있다고 말할 수 있다.

남편과 사별한 여자는 큰 슬픔을 느낀다. 다른 사람들과 마찬가지로 경건한 여자들에게도 사별의 고통이 찾아올 수 있다. 과부들 중에 경건한 사람들은 진실한 과부들이다. 그들은 마땅히 존경을 받아야 하며, 그들의 슬픔은 경건한 것이다. 그들의 상한 마음 때문에 그들의 경건이 향기와 빛을 발할 수 있다. 그런 과부들에 대한 사도 바울의 언급을 읽어보자.

> 참 과부로서 외로운 자는 하나님께 소망을 두어 주야로 항상 간구와 기도를 하거니와 향락을 좋아하는 자는 살았으나 죽었느니라 딤전 5:5,6

이 구절에서는 두 종류의 여자들이 언급된다. 그들의 대조는 매우 뚜렷하다. 한 종류는 밤낮으로 간구와 기도를 한다. 다른 종류는 향락 속에서 살며 영적으로 죽어 있다. 바울은 참 과부가 기도를 열심히 한다고 말한다. 믿음과 고난 중에서 태어난 그런 여자의 기도는 강력한 힘이 있다. 그런 기도는 밤낮 쉬지 않고 하나님의 보좌로 올라간다. 남편 없는 어려움 속에서 나오는 간절함이 지칠 줄 모르는 강렬한 기도로 표현될 때 하나님의 마음을 움직이게 된다.

변함없이 열심히 기도하며

우리가 깊이 음미해야 할 바울의 놀라운 명령들 중 하나는 "기도에 항상 힘쓰며"(롬 12:12)라는 말이다. 이것이 영어개역(RV) 성경에서는 "변함없이 열심히 기도하며"라고 번역되어 있다. 바울이 볼 때, 기도는 변함없이 열심히 해야 하는 것이다. 변함없이 열심히 기도한다는 것은 기도하는 일을 쉬지 않고 성실히 계속한다, 끝까지 기도를 붙든다, 한결같은 관심을 기도에 쏟는다는 것이다. 기도는 평생 해야 할 일이요, 열정과 수고와 근면을 바쳐 가야 할 길이다.

그리스도인이 해야 할 일들 중 가장 중요한 것은 기도이다. 그리스도인의 일들 중 가장 매력적이고 가장 거룩하고 가장 유익한 것이 바로 기도이다. 기도는 지극히 고상하고 중요한 일이기 때문에 우리는 쉬지 말고 기도해야 한다. 기도는 약화되거나 중단됨이 없이 성실하게 꾸준히 해야 한다. 혼신의 힘을 다 바쳐 기도해야 한다. 범사에 기도해야 하고 때와 장소를 가리지 말고 기도해야 한다.

하나님의 영광을 위해

에베소서에 나오는 바울의 탁월한 기도를 보자. 이 기도에서 바울은 경건의 체험이 더욱 확대되도록 기도한다. 그는 하나님 앞에서 무릎을 꿇고 예수 그리스도의 이름으로 기도한다. 이 기도에서 그는 에베소교회의 신자들의 경건의 체험이 과거의 경건의 한계를 뛰어넘게 해달라고 하나님께 구한다. 그는 "하나님의 모든 충만하신 것으로 너희에게 충만하게 하시기를 구하노라"(엡 3:19)라고 말했는데 '하나님의 모든 충만하신 것으로 충만해지는 것'은 지극히 위대하고 영광스런 체험이다.

따라서 만일 오늘날의 성도가 그런 체험의 위대함과 영광스러움을 보게 된다면 머리가 어지러워 감히 그 높이를 올려다보지 못할 것이며 감히 그 깊은 곳을 내려다보지 못할 것이다. 바울은 단지 우리를 "우리가 구하거나 생각하는 모든 것에 더 넘치도록 능히 하실 이에게"(엡 3:20) 맡길 뿐이다. 에베소서 3장

끝부분에 나오는 바울의 이 기도는 기도에 관한 그의 교훈을 잘 보여주는 모범적인 기도이다.

빌립보교회에 편지를 쓸 때 바울은 자신이 처한 상황에 대해 이야기했으며, 또 기도의 변화의 능력에 대해 다음과 같이 말했다.

> 어떤 이들은 투기와 분쟁으로, 어떤 이들은 착한 뜻으로 그리스도를 전파하나니 이들은 내가 복음을 변증하기 위하여 세우심을 받은 줄 알고 사랑으로 하나 그들은 나의 매임에 괴로움을 더하게 할 줄로 생각하여 순수하지 못하게 다툼으로 그리스도를 전파하느니라 그러면 무엇이냐 겉치레로 하나 참으로 하나 무슨 방도로 하든지 전파되는 것은 그리스도니 이로써 나는 기뻐하고 또한 기뻐하리라 이것이 너희의 간구와 예수 그리스도의 성령의 도우심으로 나를 구원에 이르게 할 줄 아는 고로 나의 간절한 기대와 소망을 따라 아무 일에든지 부끄러워하지 아니하고 지금도 전과 같이 온전히 담대하여 살든지 죽든지 내 몸에서 그리스도가 존귀하게 되게 하려 하나니 빌 1:15-20

바울이 담대해져서 부끄러움을 극복하고 복음전파에 성공하려면 사람들의 기도가 있어야 했다. 그가 살든지 죽든지 간에 그리스도께서 그를 통해 영광을 받으시려면 역시 사람들의 기도가 있어야 했다.

우리가 주목해야 할 것은 고린도서와 에베소서와 빌립보서의 이 모든 구절들에서 영어 개역개정(RV)은 '간구'라는 강력한 표현을 사용한다는 것이다. 간구는 아주 강한 형태의 기도이다. 바울이 요구하는 것은 성도들이 개인적으로 끈질기게 힘쓰고 애써서 기도하는 것이다. 기도가 아름다운 최대의 열매를 맺으려면 성도들이 힘과 관심과 시간과 마음을 기도에다 쏟아 부어야 한다. 바울은 골로새교회의 그리스도인들에게 준 기도의 교훈을 보다 더 구체적으로 개인에게 적용한다.

> 기도를 계속하고 기도에 감사함으로 깨어 있으라 또한 우리를 위하여 기도하되 하나님이 전도할 문을 우리에게 열어주사 그리스도의 비밀을 말하게 하시기를 구하라 내가 이 일 때문에 매임을 당하였노라 그리하면 내가 마땅히 할 말로써 이 비밀을 나타내리라 골 4:2-4

그리스도의 기도

흔히 히브리서는 바울이 쓴 것이라고 추정한다. 히브리서에서 우리는 그리스도의 기도가 어떤 것이었는지를 엿볼 수 있다. 그분의 기도는 참된 기도의 요소들을 가르쳐주는 기도의 모범이다. 기도에 사용된 그리스도의 언어는 그분의 기도의 깊이를 말해준다. 히브리서는 다음과 같이 설명한다.

> "그(그리스도)는 육체에 계실 때에 자기를 죽음에서 능히 구원하실 이에게 심한 통곡과 눈물로 간구와 소원을 올렸고 그의 경건하심으로 말미암아 들으심을 얻었느니라
> 히 5:7

그리스도의 기도는 그 이전의 누구도 드리지 못한 기도였다. 그분은 사람들에게 기도하는 법을 가르쳐주기 위해 기도하셨다. 그리스도의 기도는 마음을 움직이는 숭고한 기도이다. 그리스도의 기도는 그분의 모든 힘을 쏟아 부은 기도였다. 그리스도의 기도는 그분의 제사였다. 세상의 죄를 위해 자신을 제물로 드리기 전에 그리스도는 기도의 제사를 드리신 것

이다. 기도의 제사가 몸의 제사보다 먼저 있었던 것이다. 기도의 제사는 몸의 제사의 보증이었다. 우리가 십자가에서 죽을 수 있으려면 먼저 기도의 골방에서 죽어야 한다.

PRAYER AND PRAYING MEN 12

1. 교회가 해야 할 최고의 사명은 기도하는 것이다.

바울은 디모데에게 쓴 편지에서 그에게 첫째로 모든 사람을 위하여 간구와 도고와 감사에 힘쓸 것을 권면했다. 바울의 교훈에 따르면 기도야말로 그리스도의 교회가 해야 할 최고의 사명이다. 다른 무엇보다도 교회는 먼저 기도하는 교회가 되어야 한다. 그리스도의 교회는 다른 모든 사람들을 위해 기도해야 한다. 교회에서 기도가 끊어지면 안 된다. 이것이 이 땅의 교회를 향한 하나님의 뜻이다.

2. 그리스도인의 가장 강력한 무기는 기도이다.

바울이 최고의 사도가 될 수 있었던 것은 그가 기도하는 일에 최고였기 때문이다. 그는 기도에 더욱 힘썼기 때문에 훌륭한 '기도 선생'이 될 수 있었다. 그는 기도가 무엇이며, 기도가 무엇을 이룰 수 있는지 다른 사람들에게 가르치는 일에 적임자였는데, 그것은 바로 그가 열심히 기도했기 때문이다. 그가 사명의 길을 흔들림 없이 달려가면서 많은 열매를 맺도록 힘이 되어준 것은 바로 기도였다.

3. 그리스도인에게 기도의 자리는 맨 앞자리여야 한다.

바울의 가르침에 의하면 기도는 이 땅의 모든 것들 중에서 가장 중요한 것이다. 그 밖의 모든 것들은 기도에 최고의 자리를 양보하기 위해 자제심을 발휘하여 뒤로 물러나야 한다. 기도를 앞세워라. 기도에 늘 제일 앞자리를 양보하라. 기도에게 제일 앞자리를 줄 것인가 말 것인가 하는 문제 때문에 싸움이 벌어질 것이다. 이 싸움의 승패가 모든 다른 것들의 승패를 가를 것이다.

✢

항상 기뻐하라 쉬지 말고 기도하라 범사에 감사하라
이것이 그리스도 예수 안에서 너희를 향하신 하나님의 뜻이니라

데살로니가전서 5장 16–18절

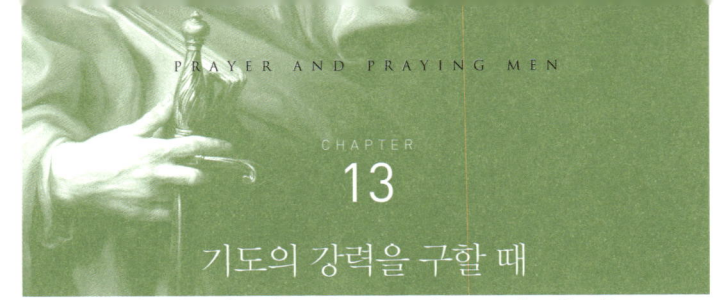

CHAPTER 13
기도의 강력을 구할 때
하나님의 일은 이루어진다

바울처럼 기도하라

사도 바울의 기도와 기도에 대한 그의 명령을 연구하는 사람은 그의 기도가 얼마나 포괄적이고 넓고 다양한 분야를 다루는지 또 얼마나 세부적인지 알게 될 것이다.

존 웨슬리, 데이비드 브레이너드(David Brainerd, 1718-1747. 북아메리카에서 인디언에게 선구적 선교활동을 펼친 선교사), 마르틴 루터, 그리고 영적 영역에서 그들의 뒤를 이은 경건한 사람들은 크고 작은 일들을 기도로 해결했으며, 세상의 일과 종교적 일, 일반적 일과 영적 일을 모두 기도로 하나님께 맡겼다. 그들의 그런 삶을 광신이나 미신이라고 비난할 수 있는가? 결코 그럴 수 없다!

기도하는 그들의 삶은 사도 바울의 위대한 모범과 권위에 따른 아름다운 삶이었다.

바울처럼 기도를 통해 하나님을 찾으라. 바울처럼 하나님과 교제하라. 바울처럼 예수님께 간구하라. 바울처럼 기도로 성령님을 만나라. 쉬지 말고 그렇게 하라. 항상 힘써라. 바울이 기도로써 그리스도를 얻었듯이 그분을 얻으라. 그러면 사도들처럼 우리도 하나님을 위해 일하는 신앙의 용사와 신앙의 지도자가 될 것이다. 기도는 하나님과 함께, 또 그분을 위해 우리의 삶을 온전히 바치게 하고, 우리의 삶을 풍성하게 하고, 우리의 삶을 능력의 삶으로 바꾸어준다.

기도가 성공하려면 우리가 기도에 푹 빠져야 한다. 그렇게 되면 바울과 같은 시대가 다시 찾아올 것이요, 바울에게서 나타난 은사들이 다시 나타날 것이다. 바울과 같은 시대는 좋은 것이다. 그에게서 나타난 은사들은 더 좋은 것이다. 하지만 가장 좋은 것은 바울의 기도 같은 기도이다. 왜냐하면 바울의 기도 같은 기도가 있으면 바울과 같은 시대가 다시 찾아올 것이요, 바울에게서 나타난 은사들이 다시 나타날 것이기 때문이다.

바울의 기도 같은 기도는 많은 대가를 요구하는 기도이다. 그런 기도는 자아와 육(肉)과 세상에 대해 죽어야만 드릴 수 있는 기도이다. 그렇지만 그런 기도는 모든 대가를 지불할 만한 가치가 있는 기도이다. 아무 대가도 치르지 않는 기도는 아무 것도 얻지 못한다. 그런 기도는 하나 마나 한 기도이다.

바울 자신이 기도했다는 것은 그가 기도를 어떻게 생각했는지를 잘 보여준다. 기도에 대한 그의 주장이 설득력을 갖는 것은 그가 기도했기 때문이다. 그가 교회 안에서 크게 인정 받았지만 그렇다고 해서 그가 목에 힘을 주고 다닌 것은 아니었다. 그가 교회 안에서 큰 권위를 가졌지만 그것은 탐닉하고 즐겨야 할 권위가 아니었다. 그는 관료주의적 태도로 일하지 않고, 몸으로 열심히 일하면 된다고 생각하지도 않았다. 그는 무엇보다도 기도로 일했다. 그는 그리스도를 위한 그의 사역을 기도 학교에서 기도의 분투로 시작했다.

아나니아에게 바울이 하나님이 선택한 사람이라는 확신을 주시고자 하나님께서는 그에게 "그(바울)가 기도하는 중이니라"(행 9:11)라고 말씀해주셨다. 바울은 예수님을 만나고 3일 동안 앞을 보지 못하는 상태에서 먹지도 못하고 마시지도 못했지만 기도를 확실히 배웠다(행 9:4-1 참조).

기도로 사명을 이루라

바울은 금식기도의 능력으로 제1차 선교여행을 시작했다. 바울과 바나바는 금식기도의 능력에 의지하여 모든 교회를 세웠다. 빌립보에서 바울의 사역은 '기도할 곳'(행 16:13)에서 시작되었다. 바울이 점치는 귀신 들린 여종에게서 귀신을 쫓아낸 것은 '기도하는 곳'(행 16:16)에 가다가 일어난 일이다. 바울과 실라는 옥에 갇혔을 때도 밤중에 기도하고 하나님을 찬양했다.

바울에게는 기도가 습관이요, 일이요, 삶이었다. 말 그대로 그는 기도에 전념했다. 그러므로 그에게 있어서 기도는 겉에 걸치는 옷이나 단순한 장식품이나 사치품이 아니었다. 기도는 그의 경건생활의 뼈와 살과 골수이었다.

바울의 회심(回心)은 하나님의 은혜와 능력이 만들어낸 놀라운 일이었다. 사도로서 그의 사명은 아름답고 고귀한 것이었다. 그러나 그는 과거와 달라진 모습이나 회심의 놀라운 결과들, 하나님의 권위가 위임된 사도적 사명, 또는 은사나 사도적 권위를 통해 자신의 사역의 진정성을 증명하려고 하지 않았다. 그는 끊임없는 기도, 몸부림치는 기도, 성령 안에서 드려지는 기도로 사역의 진정성을 증명하려고 했다. 그렇게 기도했기 때문에 그는 그토록 놀라운 일을 이루었던 것이고, 그토록 놀라운 삶을 살았던 것이고, 그토록 영광스러운 순교자의 죽음으로 인생을 마무리할 수 있었던 것이다.

특별히 하나님의 약속에 근거한 아주 특별한 특징이 바울에게 있었는데, 그것은 바로 기도였다. 그에게 기도는 엄숙한 의무일 뿐만 아니라 위대한 의무였다. 그가 볼 때, 기도는 하나님께서 주신 특권이요, 강력한 무기요, 경건의 척도였다. 기도가 믿음을 더욱 강하고 더욱 굳게 해준다고 그는 믿었다. 그가 볼 때 그리스도인으로서 승리의 삶을 살려면 기도가 있어야 했고, 이 땅에 하나님의 나라가 임하려면 기도의 힘이 있어야 했다. 하나님께서 그에게 원하시는 것이 기도라고 그는 굳게 믿었다.

성결이 죄를 이기려면, 천국이 지옥을 이기려면, 그리스도께서 사탄을 이기고 승리하시려면 우리가 기도하지 않을 수 없다. 바울이 볼 때 하나님을 아는 사람들이나 그분을 위해 살기 원하는 사람들이 기도하는 것은 당연했다. 기도하지 않는 사람들은 그분을 위해 살 수 없다는 것이 그의 확신이었다. 그렇기 때문에 그는 많이 기도했다.

기도의 습관을 지녀라

기도는 바울의 습관이었다. 그는 기도에 익숙했다. 기도가 얼마나 귀하고 중요한 것인지를 잘 알았기 때문에 그는 기도의 습관 속에서 살았다. 하나님을 사랑했기 때문에 그는 기도의 습관을 버리지 않았다. 그분을 향한 그의 사랑은 기도의 습관을 통해 표현되었다. 그는 자기에게 더욱더 많은 은혜가 필요하다고 느꼈는데, 은혜는 오직 기도의 통로를 통해서만 주어지는 것이었다. 기도가 많아질수록 은혜도 많아진다.

바울에게 기도의 습관이 있었던 것은 사실이지만 그가 오직 습관의 힘에 의해 기도했던 것은 아니다. 인간은 '습관의 동물'이기 때문에 형식적이고 판에 박은 습관에 의해 무엇이든지 처리하려고 하는 경향이 있다. 그러나 바울의 기도 습관은 마음이 담긴 것이었다.

바울은 로마의 그리스도인들에게 "하나님이 나의 증인이

되시거니와 (내가) 항상 내 기도에 쉬지 않고 너희를 말하며"(롬 1:9)라고 말했다. 바울이 기도하고 하나님을 찬양할 때 옥문이 열린 사건에서도 알 수 있듯이 기도는 옥문까지도 열 수 있다. 바울과 실라처럼 기도한다면 열지 못할 문이 없다. 모든 문은 기도 앞에서 열리게 마련이다.

사람들은 바울이 전도하지 못하도록 그를 옥에 가두었지만 그가 기도하는 것까지 막을 수는 없었다. 복음은 바울의 전도를 통해 전파되었지만, 또한 바울의 기도를 통해서도 전파되었다. 바울은 옥에 갇혔지만 하나님의 말씀은 갇히지 않았다. 옥에 갇힌 바울이 많이 기도했을 때, 복음은 마치 산(山)의 공기처럼 얼마든지 퍼져나갔다.

바울과 실라가 예수 그리스도 안에서 느낀 깊고 큰 기쁨은 그토록 고통스럽고 암울한 상황에서도 기도와 찬양을 통해 아름답고 즐겁게 표현되었다. 기도를 통해 그들은 하나님과 온전한 교제를 나누게 되었고, 그런 교제를 통해 하나님의 임재의 빛이 그들 주위에 가득하게 되었다. 그리하여 그들은 그리스도의 이름을 위하여 능욕 받는 일에 합당한 자로 여기심을 기뻐했고(행 5:41 참조), 또 여러 시험을 온전히 기쁘게 여기게 되었다(약 1:2 참조).

기도는 모든 것을 아름답게 하고, 또 모든 것을 거룩하게 한다. 기도하는 성도는 고난을 받게 되지만, 고난 중에 기도하면 믿음의 향기를 발하게 된다. 기도하는 성도는 찬양하며, 그 찬양은 곡조 있는 기도가 된다.

바울은 예루살렘으로 가는 길에 에베소교회 장로들에게 특별히 당부의 말을 한 후 그들과 함께 기도했다. 이에 대한 기록을 읽어보자.

> 이 말을 한 후 무릎을 꿇고 그 모든 사람들과 함께 기도하니 다 크게 울며 바울의 목을 안고 입을 맞추고 행 20:36,37

무릎 기도의 겸손함

바울은 무릎을 꿇고 기도했다. 그는 기도할 때 무릎을 꿇기 좋아했는데, 무릎을 꿇는 것은 겸손한 간구를 드리는 데 적합한 자세이다. 전능하신 하나님 앞에서 기도할 때 무릎을 꿇는 것은 겸손함과 간절함을 나타낸다. 무릎을 꿇는다는 것은 하나님 앞에서 인간이, 구주 앞에서 죄인이, 시혜자(施惠者) 앞에서 수혜자(受惠者)가 마땅히 취해야 할 자세이다. 바울이 에베소교회 장로들에게 특별히 당부의 말을 한 후 그것에 기도로 인(印)을 쳤기 때문에 그의 당부의 말은 더욱 효과적이고 유익하고 지속적인 힘을 갖게 되었다.

바울의 신앙은 바울이 예수님을 만나고 사흘 동안 보지 못하고 먹지도 마시지도 않으며 기도하는 고통스런 몸부림 중에 태어났다. 그때에 그는 거룩한 힘을 얻었고, 그 힘은 그가 영원한 도성의 문에 이를 때까지 결코 약화되지 않았다. 쉬지 않는 기도의 길을 따라 펼쳐진 그의 영적 여정과 경건한 체험은 그를 영적 거봉(巨峰)으로 만들었고, 최고의 영적 열매를 맺게 했다.

기도로 선교하다

바울은 기도의 분위기 속에서 살았다. 그의 제1차 선교여행은 기도 가운데 추진되었다. 그가 외국 선교의 현장으로 나갈 수 있었던 것은 금식기도 때문이었다. 안디옥교회가 바나바와 그에게 제1차 선교여행의 사명을 맡길 수 있었던 것은 금식기도 때문이었다. 이에 대한 성경의 기록을 읽어보자.

안디옥교회에 선지자들과 교사들이 있으니 곧 바나바와 니게르라 하는 시므온과 구레네 사람 루기오와 분봉 왕 헤롯의 젖동생 마나엔과 및 사울이라 주를 섬겨 금식할 때에 성령이 이르시되 내가 불러 시키는 일을 위하여 바나바와 사울을 따로 세우라 하시니 이에 금식하며 기도하고 두 사람에게 안수하여 보내니라 행 13:1-3

여기서 우리는 모든 선교사 파송의 모범을 볼 수 있다. 이 모범을 따르면 해외 선교에 성공할 수 있을 것이다. 성령께서 하나님의 인도하심에 순종하며 기도하는 교회에 지시하시어 선교사를 파송하신 것이다. 그리하여 바울과 바나바는 최대의 선교 열매를 맺을 수 있었다.

바울이 주도적으로 일한 교회에서는 기도가 끊이지 않았다고 우리는 단언할 수 있다. 그는 기도의 분위기 속에서 살고 수고하고 고난 받았다. 그에게 있어서 기도는 경건의 핵심과 생명이요, 경건의 뼈와 살이요, 복음전파의 원동력이요, 복음의 승리의 표(慓)였다.

성경이 우리에게 분명히 알려주는 바에 따르면, 금식기도의 분위기 속에서 교회들이 세워졌고 교인들은 자기부정의 고상한 덕(德)을 늘 실천했다. 그런 분위기 속에서 바울이 어떻게 일했는지에 대해 성경은 다음과 같이 말한다.

> 제자들의 마음을 굳게 하여 이 믿음에 머물러 있으라 권하고 또 우리가 하나님의 나라에 들어가려면 많은 환난을 겪어야 할 것이라 하고 각 교회에서 장로들을 택하여 금식기도 하며 그들이 믿는 주께 그들을 위탁하고 행 14:22,23

하나님께서 보여주신 환상에 따라 유럽으로 향한 바울은 빌립보에 이르렀다. 거기에는 유대인들이 모이는 회당이 없었다. 하지만 거기에는 소수의 경건한 여자들이 모여 기도하는 곳이 있었는데, 바울은 설명하기 힘든 영적인 힘에 이끌려 그곳으로 가게 되었다.

바울이 유럽에서 처음으로 복음의 열매를 맺은 곳이 바로 그 작은 기도의 장소였다. 거기서 그는 많은 기도를 드렸고, 또 말씀을 전했다. 그곳에서 그가 최초로 얻은 회심자는 바로 루디아였다. 바울은 기도 모임을 계속 이어나갔고, 그곳은 그들의 기도 장소가 되었다.

감옥에서 드리는 기도의 강력

바울 일행이 그 기도 장소로 가는 중에 특이한 일이 일어났다. 그것은 점치는 귀신 들린 여종에게서 귀신을 쫓아낸 사건이다. 그 여종이 점을 쳐서 많은 이익을 얻던 탐욕스런 사람들은 바울에게 분노했다. 그들의 말을 듣고 오해한 그 성의 상관들은 바울과 실라를 매질하고 옥에 가두었다. 그러나 하나님께서 개입하셨기 때문에 그들의 투옥은 결국 간수와 그의 가족의 구원이라는 놀라운 열매를 맺었다. 기도하는 사도에게 낙심은 있을 수 없었다. 기도하는 소수의 여자들이 기도하는 사도에게는 더할 나위 없이 좋은 선교의 교두보 역할을 했다.

억울한 누명을 쓴 바울과 실라는 옥에 갇혔다. 그들의 깊은 감옥은 어둡고 끔찍했다. 이미 그들은 매질을 당해 옷에 피가 많이 묻어 있었고, 매질로 찢긴 그들의 몸에는 핏덩이가 엉겨 붙어 있었다. 그들의 발에는 차꼬가 채워져 있었고, 부어오른 그들의 온몸은 아주 예민하게 고통을 느꼈다. 그러나 그토록 힘들고 절망적인 상황에서 그들은 자신들이 좋아하는 일, 즉 기도를 했다. 그들의 찬양은 기쁨과 승리의 노래였다. 이에 대한 성경의 기록을 읽어보자.

> 한밤중에 바울과 실라가 기도하고 하나님을 찬송하매 죄수들이 듣더라 이에 갑자기 큰 지진이 나서 옥터가 움직이고 문이 곧 다 열리며 모든 사람의 매인 것이 다 벗어진지라 간수가 자다가 깨어 옥문들이 열린 것을 보고 죄수들이 도망한 줄 생각하고 칼을 빼어 자결하려 하거늘 바울이 크게 소리 질러 이르되 네 몸을 상하지 말라 우리가 다 여기 있노라 하니 행 16:25-28

감옥에서 바울과 실라가 드린 기도보다 더 아름답고 더 풍성한 열매를 맺은 기도가 또 있을까? 바울은 기도에 익숙한 사람이요, 기도를 사랑한 사람이요, 기도에 전념한 사람이었다. 그렇기 때문에 그토록 암담하고 절망적인 상황에서 기쁨의 찬송을 부르며 기도할 수 있었던 것이다! 바울의 최고의 방어무기는 바로 기도였다. 기도하면서 부른 바울과 실라의 찬송은 아름답기 그지없는 천상의 가락이었다. 천사들도 그들의 기도를 하나님의 보좌로 싣고 온 그들의 찬송 소리에 귀를 기울이기 위해 자신들의 아름다운 노래를 잠시 멈추었을 것이다.

그들의 강력한 기도의 길을 따라 찾아온 것은 바로 지진이었다. 그러나 쇠사슬이 풀리고 차꼬가 풀어졌을 때 그들은 옥 밖으로 나가지 않았다. 일신(一身)의 자유보다 더 큰 것을 하나님께서 계획하고 계시다는 것을 그들은 기도를 통해 알았을 것이다.

진정한 영적 자유

그들의 기도와 지진을 통해 구원이 그 감옥에 이르게 되었다. 그들의 신체적 자유에 의해서 예시(豫示)되었다고 볼 수 있는 그 구원은 죄의 감옥에서 벗어나는 구원이었다. 하나님의 놀라운 능력이 감옥의 문을 열고 감옥의 속박을 풀어버렸지만, 그것은 바울과 실라에게 신체적 자유를 주기 위함보다는 간수에게 영적 자유를 주기 위함이었다.

하나님께서 그분의 섭리 가운데 문을 열어주시지만 그것은 종종 나가지 않고 오히려 안에 머물 능력이 우리에게 있는지를 시험하는 수단이 되기도 한다. 바울의 경우에도 옥문이 열린 것이 안에 머물 수 있는 그의 능력을 시험했다.

PRAYER AND PRAYING MEN 13

1. 기도함으로 하나님께 간구하고 하나님과 교제하라.

우리는 바울처럼 기도로 성령님을 만나야 한다. 쉬지 말고 그렇게 해야 한다. 바울이 기도로써 그리스도를 얻었듯이 그분을 얻으라. 그러면 사도들처럼 하나님을 위해 일하는 신앙의 용사와 신앙의 지도자가 될 것이다. 기도는 하나님과 함께, 또 그분을 위해 우리의 삶을 온전히 바치게 하고, 우리의 삶을 풍성하게 하고, 우리의 삶을 능력의 삶으로 바꾸어준다.

2. 하나님은 일은 우리의 능력이 아닌 기도의 능력으로 해야 한다.

바울은 회심의 놀라운 결과나 은사나 사도적 권위를 통해 그의 사역의 진정성을 증명하려고 하지 않았다. 그는 끊임없는 기도, 몸부림치는 기도, 성령 안에서 드려지는 기도로 그의 사역의 진정성을 증명하려고 했다. 그가 그렇게 기도했기 때문에 그토록 놀라운 일을 이루고 그토록 놀라운 삶을 살 수 있었던 것이다.

3. 우리가 기도할 때 속박된 것이 풀리고 하나님나라가 확장된다.

바울은 선교여행 때마다 기도로 하나님의 인도하심과 은혜를 구했다. 그는 기도로 선교하며 하나님의 나라를 확장해나갔고, 그가 거하는 곳은 기도의 장소가 되었다. 또한 바울과 실라는 억울한 누명을 쓰고 감옥에 갇혔을 때도 기도하는 것을 멈추지 않았다. 놀라운 기도의 능력이 감옥의 속박을 풀어버렸지만 그들에게는 더 큰 영적 자유가 주어졌다.

✢

한밤중에 바울과 실라가 기도하고
하나님을 찬송하매 죄수들이 듣더라
사도행전 16장 25절

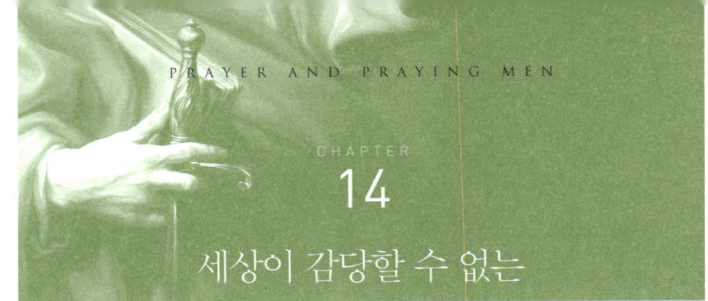

CHAPTER 14
세상이 감당할 수 없는 놀라운 일을 기도가 한다

유듀고가 살아나다

우리가 주목해야 할 두 가지 사건이 있다. 그것은 바울에게 일어난 일인데 이와 관련해 성경에 바울이 기도했다는 분명한 언급은 없지만 그의 일반적인 기도 습관과 당시의 상황과 사건의 결과로 미루어볼 때, 그의 기도로 놀라운 결과가 일어났다는 사실이 분명해진다.

첫 번째 사건은 바울이 빌립보에서 배를 타고 드로아에 와서 7일 동안 머물 때 일어났다. 그 주간의 첫날 제자들이 떡을 떼기 위해 모였을 때 바울이 그들에게 말씀을 전했다. 그는 그 다음 날에 떠날 생각을 하고 있었기 때문에 밤중까지 강론을 계속했다.

'유두고'라는 청년이 창에 걸터앉아 있다가 깊이 졸았다. 그런데 바울의 강론이 길어지자 그가 졸음을 이기지 못하고 높은 창에서 떨어졌고, 사람들이 그를 일으켜 세워보니 그가 죽어 있었다. 바울은 사고가 난 곳으로 내려가 그 청년의 몸을 안고 주변 사람들에게 "떠들지 말라 생명이 그에게 있다"(행 20:10)라고 말했다. 그리고 그는 말씀을 전하던 위층으로 올라가 날이 새기까지 제자들과 함께 이야기했다. 사람들은 살아난 청년을 데리고 가서 크게 위로를 받았다.

이 사건에 대한 기록에 바울의 기도에 대한 언급이 분명히 나오지는 않지만, 우리는 그가 청년의 몸을 안았을 때 기도했다고 결론 내리지 않을 수 없다. 하나님께서는 그의 기도에 응답하시어 그 청년을 속히 회복시켜주신 것이다.

기도로 고침을 받다

바울에게 일어난 또 다른 놀라운 사건은 그가 죄수의 몸으로 배를 타고 로마로 가던 중에 일어났다. 배가 항해하던 중에 큰 풍랑이 일어났고, 그 풍랑은 잦아들 기미를 보이지 않았다.

배가 몹시 흔들렸고, 배에 탄 사람들이 풍랑과 싸우는 여러 날 동안 해도 별도 보이지 않았다. 그들이 구조될 가능성은 거의 보이지 않았다. 사람들이 오랫동안 먹지 못했을 때, 바울이 그들 가운데 서서 말을 시작했다. 그는 특히 배의 사공들을 염두에 두고 다음과 같이 말했다.

> 여러분이여 내 말을 듣고 그레데에서 떠나지 아니하여 이 타격과 손상을 면하였더라면 좋을 뻔하였느니라 내가 너희를 권하노니 이제는 안심하라 너희 중 아무도 생명에는 아무런 손상이 없겠고 오직 배뿐이리라 나의 속한 바 곧 내가 섬기는 하나님의 사자가 어제 밤에 내 곁에 서서 말하되 바울아 두려워하지 말라 네가 가이사 앞에 서야 하겠고 또 하나님께서 너와 함께 항해하는 자를 다 네게 주셨다 하였으니 행 27:21-24

이 구절을 읽을 때 우리가 어렵지 않게 추측할 수 있는 것은 바울이 기도했다는 사실이다. 바울이 기도할 때 하나님의 사자가 그에게 나타나 격려의 말과 안전한 항해에 대한 보장을 주었다. 배의 운명이 풍전등화(風前燈火)와 같았을 때 기도의 습관과 능력에 대한 확신이 있었던 바울은 무릎을 꿇고 기도했을 것이다. 그토록 위험하고 절박한 때 그의 마음이 움직여 기도한 것은 지극히 당연한 일이었을 것이다.

바울이 탄 배는 결국 파선했고, 배에 있던 사람들은 멜리데 섬으로 올라갔다. 그 섬의 원주민들이 특별한 동정을 하며 불을 피워주었는데, 바울이 그 불에 나무 한 묶음을 넣자 뜨거움으로 말미암아 독사가 바울의 손을 물었다. 그것을 본 섬의 원주민들은 바울이 죄를 범했기 때문에 공의의 심판을 받아 뱀에 물린 것이라고 추정했다. 그러나 바울이 독사에 물렸음에도 죽지 않은 것을 보고 그들은 생각을 바꾸어 그를 신적 존재로 여겼다.

그 섬에서도 바울의 기도는 빛났다. 그곳에서 가장 높은 보블리오라는 사람이 있었는데 그의 아버지가 열병과 이질로 매우 고생하고 있었다. 바울은 그를 찾아가 안수하고 기도했다. 그는 기도의 능력을 굳게 믿었다. 결국 병이 즉시 떠났고 그는 깨끗이 회복되었다. 그런 기적을 목격한 섬의 원주민들은 병자들을 바울에게 데려왔고, 바울은 기도로써 그들을 고쳐주었다.

기도의 능력을 구하라

이 사건이 일어난 때보다 훨씬 이전으로 돌아가 보자. 다시 말해서, 바울의 행적을 거슬러 올라가 보자. 에베소를 떠나기 전에 그는 그곳의 형제들과 함께 기도했다(예루살렘을 향하여 에베소를 떠난 바울은 중간에 두로에 잠시 머물게 된다). 그는 자기의 말이 아무리 힘이 있고 엄숙하고 적절하다 할지라도 자기의 말보다는 기도의 능력을 믿었다. 하나님을 인정하고 그분의 능력을 구해야 한다는 것이 그의 확고한 신념이었다. 자기의 최선을 다한 후에도 그는 하나님께서 당연히 그의 노력에 복을 내리실 것이라고 믿지는 않았다. 인간이 최선을 다하면 하나님께서 당연히 도와주신다고 생각하지 말라. 우리는 기도를 통해 하나님의 능력과 도움을 구해야 한다.

에베소를 떠난 바울은 두로에 이르러 며칠을 묵게 되었다. 두로에도 주님의 제자들이 있었는데, 그들은 성령의 감동으로 바울에게 예루살렘으로 가지 말라고 말했다. 그렇지만 바울은 예루살렘으로 가겠다는 그의 본래의 계획을 포기하지 않았다. 그 당시의 일에 대해 성경은 다음과 같이 기록했다.

> 이 여러 날을 지낸 후 우리가 떠나갈새 그들이 다 그 처자와 함께 성문 밖까지 전송하거늘 우리가 바닷가에서 무릎을 꿇어 기도하고 행 21:5

그때 바닷가에서 일어난 일이 얼마나 아름다운가! 남편들과 아내들과 심지어 아이들까지 참여한 가운데 야외에서 기도한 모습은 가족의 사랑과 경건의 극치를 보여준다! 그런 기도의 자리에 참여한 아이들의 마음에 얼마나 감동적인 추억이 새겨졌겠는가! 배는 이미 떠날 준비가 되어 있었지만 기도가 그들의 사랑을 더욱 강하게 하고, 아내들과 아이들을 거룩하게 하고, 바울 일행의 출발을 복되게 해야 했다. 그들의 이별은 적어도 이 세상에서는 다시 볼 수 없는 마지막 이별이었다.

그날 그 바닷가에서 일어난 일은 아름다운 일이며, 바울의 생각과 마음과 인격과 경건에 경의를 표한 일이었다. 그 일은 그가 얼마나 사람들에게 사랑받고 있었는지를 잘 보여준다. 그 일을 상상할 때, 기도를 통해 모든 것을 거룩하게 하는 그의 경건한 습관이 머릿속에 선하게 떠오른다. 그들은 바닷가에서 무릎을 꿇고 기도했다! 이보다 아름다운 광경을, 이보다 장엄한 광경을 그 바닷가가 목격한 적이 있었을까? 바닷가의 모래 위에 무릎을 꿇은 바울은 그곳에 모인 남자들과 여자들과 아이들 위에 하나님께서 복을 내려주시길 기도했다!

그가 기도하는 중이라

예루살렘에 도착하여 여러 사람들 앞에서 자신을 변호하게 되었을 때, 바울은 두 가지 기도에 대해 언급했다. 그중 하나는 그가 기독교를 핍박하기 위해 다메섹으로 가던 중 그리스도를 만나 땅에 엎드러져 회심(回心)을 체험한 다음 다메섹의 유다의 집에서 드린 기도였다. 그는 유다의 집에서 3일 머물렀는데, 그때 하나님께서는 아나니아를 보내어 앞을 못 보는 바울에게 안수하도록 하셨다. 바울은 유다의 집에서 3일 동안 기도했다. 유다의 집으로 바울을 찾아온 아나니아는 바울에게 다음과 같이 말했다.

이제는 왜 주저하느냐 일어나 주의 이름을 불러 세례를

받고 너의 죄를 씻으라 행 22:16

하나님께서 아나니아를 유다의 집으로 보내려고 하실 때 아나니아가 주저했기 때문에 하나님은 그에게 "그(바울)가 기도하는 중이니라"(행 9:11)라고 말씀함으로써 그에게 용기를 주셨다. 결국 유다의 집으로 간 아나니아는 바울에게 "이제는 왜 주저하느냐 일어나 주의 이름을 불러 세례를 받고 너의 죄를 씻으라"(행 22:16)라고 권면했고, 이 권면을 받은 바울은 더욱 기도에 힘썼다.

하나님을 찾는 자들에게 합당한 것은 바로 기도이다. 진실한 마음으로 열심히 하나님을 찾는 사람들은 마땅히 기도해야 한다. 죄 사함 받고 하나님께 받아들여지려면 그보다 앞서 뜨거운 기도가 선행해야 한다. 경건한 삶을 살기 원하는 사람의 진정성이 확인되려면 그에 대해 "그(바울)가 기도하는 중이니라"라는 말이 나와야 한다.

기도를 통해 방향을 보여주시다

바울이 여러 사람들 앞에서 자신을 변호할 때 언급한 두 가지 기도 중 또 다른 하나에 대해 생각해보자. 이 두 번째 기도는 그의 경건한 삶의 원동력이 된 뜨거운 기도가 어떤 것인지를 잘 보여준다. 바울이 열심히 기도할 때 그에게 환상이 임했고, 그것을 통해 그는 어떤 방향으로 사역을 해야 할지에 대해 하나님께 지시를 받았다. 그런 바울의 기도에 대한 기록을 읽어보자. 이 기록은 그가 주님과 매우 친밀한 교제 속에 살면서 그분과 대화를 나누었다는 것을 보여준다.

> 후에 내가 예루살렘으로 돌아와서 성전에서 기도할 때에 황홀한 중에 보매 주께서 내게 말씀하시되 속히 예루살렘에서 나가라 그들은 네가 내게 대하여 증언하는 말을 듣지 아니하리라 하시거늘 내가 말하기를 주님 내가 주를 믿는 사람들을 가두고 또 각 회당에서 때리고 또 주의 증인 스데반이 피를 흘릴 때에 내가 곁에 서서 찬성하고 그 죽이는 사람들의 옷을 지킨 줄 그들도 아나이다 나더러 또 이르시되 떠나가라 내가 너를 멀리 이방인에게로 보내리라 하셨느니라 행 22:17-21

하나님께서 우리에게 원하시는 일이 있을 때, 그분은 기도를 통해 그것을 알려주신다. 우리가 기도에 더욱 힘쓸수록 우리의 사명을 오해할 가능성은 그만큼 줄어든다. 우리를 향한 하나님의 뜻은 기도의 응답을 통해 우리에게 알려진다. 우리가 기도를 더 깊이 더 뜨겁게 할수록 하나님의 환상이 더욱더 분명히 더욱더 황홀한 상태에서 우리에게 주어질 것이며, 그분과 우리의 영적 교제는 더욱더 깊고 자유롭고 담대해질 것이다.

바울의 기도를 어떤 특정한 종류로 분류하는 것은 쉽지 않다. 그의 기도는 매우 포괄적이고 광범위하면서 또 세부적이기 때문에 특정 범주에 집어넣는 것이 쉽지 않다. 바울은 여러 교훈 중에서도 기도에 대해 많이 가르쳤다. 그는 특히 교회를 향해 기도의 의무와 필요성을 강조했다. 하지만 바울 자신 그리고 우리에게 더욱 의미가 있는 것은 그 자신이 기도함으로써 우리에게 모범을 보였다는 것이다. 그는 기도를 전하기만 한 것이 아니라 기도를 몸소 실천했다. 그는 당시의 사람들에게 가르친 기도의 능력을 직접 맛보았다.

로마의 그리스도인들에게 바울은 자신의 기도 습관에 대해 분명히, 특별히, 엄숙히 언급했다. 그의 말을 성경에서 읽어 보자.

> 내가 그의 아들의 복음 안에서 내 심령으로 섬기는 하나님이 나의 증인이 되시거니와 항상 내 기도에 쉬지 않고 너희를 말하며 롬 1:9

바울은 자기를 위해 기도했을 뿐만 아니라 다른 사람들을 위해서도 기도하는 습관이 있었다. 그는 뛰어난 중보기도의 사람이었다. 다른 사람들에게 중보기도를 강조하면서 그는 그 자신이 다른 사람들을 위해 중보기도를 드렸다.

기도에 전념하라

바울은 로마서라는 놀라운 편지를 기도의 정신으로 시작했다. 또한 그는 그 편지를 끝낼 때에도 "형제들아 내가 우리 주 예수 그리스도와 성령의 사랑으로 말미암아 너희를 권하노니 너희 기도에 나와 힘을 같이하여 나를 위하여 하나님께 빌어"(롬 15:30)라는 엄숙한 권면을 덧붙이길 잊지 않았다.

그런데 이것이 전부는 아니다. 로마서의 중간 부분에서도 그는 "기도에 항상 힘쓰며(롬 12:12)"라고 명한다. "기도에 항상 힘쓰라"라는 말은 "언제나 잊지 말고 기도하라", "기도를 생활의 일부로 삼아라" 또는 "기도에 전념하라"라는 말이다. 바울 자신이 그런 기도의 삶을 살았다. 그는 기도의 교훈을 사람들에게 가르치고 강조했을 뿐만 아니라 변함없이 기도의 모범을 보였다.

바울이 데살로니가교회에 보낸 편지에 기록된 그의 기도는 아주 포괄적이고 훌륭하다. 그는 그 교회에 보낸 첫 번째 편지에서 다음과 같이 말했다.

> 우리가 너희 모두로 말미암아 항상 하나님께 감사하며 기도할 때에 너희를 기억함은 너희의 믿음의 역사와 사랑의 수고와 우리 주 예수 그리스도에 대한 소망의 인내를 우리 하나님 아버지 앞에서 끊임없이 기억함이니 살전 1:2,3

참된 신자들이 모인 데살로니가교회에 바울이 한 모든 말을 인용할 수는 없지만, 적어도 다음의 말은 우리의 주목을 받아야 마땅하다.

> 주야로 심히 간구함은 너희 얼굴을 보고 너희 믿음이 부족한 것을 보충하게 하려 함이라 하나님 우리 아버지와 우리 주 예수는 우리 길을 너희에게로 갈 수 있게 하시오며 또 주께서 우리가 너희를 사랑함과 같이 너희도 피차간과 모든 사람에 대한 사랑이 더욱 많아 넘치게 하사 너희 마음을 굳건하게 하시고 우리 주 예수께서 그의 모든 성도와 함께 강림하실 때에 하나님 우리 아버지 앞에서 거룩함에 흠이 없게 하시기를 원하노라 살전 3:10-13

데살로니가교회의 그리스도인들을 위한 이 기도는 데살로니가전서의 끝부분에 나오는 기도와 완벽하게 조화를 이룬다. 데살로니가전서를 끝내면서 바울은 그들의 온전한 성화(聖化)를 위해 다음과 같이 기도한다.

> 평강의 하나님이 친히 너희를 온전히 거룩하게 하시고 너희의 온 영과 혼과 몸이 우리 주 예수 그리스도께서 강림

하실 때에 흠 없게 보전되기를 원하노라 살전 5:23

바울은 초대교회의 그리스도인들을 위해 이토록 뜨겁게 기도했다. 그들이 바울의 생각과 마음속에 있었다. 그렇기 때문에 바울은 그들을 위해 하나님께 주야로 간구했다. 기도가 없는 피상적 경건이 만연한 이 시대에 목회자들이 초대교회의 신자들을 위해 기도한 바울을 본받아 교회를 위해 기도에 전념한다면 얼마나 좋겠는가! 이 시대에는 기도의 사람들이 정말 필요하다! 또한 기도하는 목회자들이 정말 요구된다!

에베소서 3장 끝부분에 기록된 바울의 탁월한 기도에서 그는 하나님이 "우리가 구하거나 생각하는 모든 것에 더 넘치도록 능히 하실 이"(엡 3:20)시라고 선언했다. 이제 그는 자기가 그런 하나님의 능력을 구하는 간절한 기도에 전념한다고 선언한다. 또한 그는 자신의 기도가 하나님의 능력을 전부 고갈시키는 것이 아니라 오히려 하나님의 능력을 얼마든지 구해 교회를 지극히 풍성하게 만들 수 있다고 선언한다.

항상 너희를 위하여 기도함은

바울과 그의 동역자들은 도처에 있는 성도들을 위해 기도했는데, 이 점에 대해 다시 생각해보자. 바울은 아주 엄숙하게 자신이 한 번도 본 적 없는 로마의 그리스도인들을 위해 기도한다는 사실을 그들에게 상기시켰다. 바울은 그들에게 "내가 그의 아들의 복음 안에서 내 심령으로 섬기는 하나님이 나의 증인이 되시거니와 항상 내 기도에 쉬지 않고 너희를 말하며"(롬 1:9)라고 말했다. 또한 그는 교회에 자신이 교회를 위해 기도한다고 말했다.

빌립보교회의 그리스도인들에게 그는 "간구할 때마다 너희 무리를 위하여 기쁨으로 항상 간구함은"(빌 1:4)이라고 분명히 말했다. 골로새교회의 신자들에게 그는 "(내가) 너희를 위하여 기도하기를 그치지 아니하고"(골 1:9)라고 말했다. 데살로니가교회의 교인들에게 그는 "이러므로 우리도 항상 너희를 위하여 기도함은"(살후 1:11)이라고 말했다. 빌레몬서에서 바울은 "내가 항상 내 하나님께 감사하고 기도할 때에 너를 말함은"(몬 1:4)이라고 말했다. 디모데후서에서 그는 "내가 밤낮 간구하는 가운데 쉬지 않고 너를 생각하여"(딤후 1:3)라고 말했다.

"주야로 심히 간구함은"(살전 3:10)이라는 짧은 표현은 이 기도가 얼마나 뜨겁고 간절했는지를 압축적으로 보여준다. 이 표현은 그의 생각과 사역에서 기도가 얼마나 중요한 위치를 차지했는지를 확실히 보여준다. 또 이 표현은 기도 외에 다른 방법으로는 얻을 수 없는 하나님의 능력을 구하기 위해 그가 고통스러울 정도로 기도의 분투에 몰입했다는 것을 잘 보여준다.

바울의 기도가 자기를 위한 것이 아니라 다른 사람들을 위한 것이었다는 사실은 그가 로마의 그리스도인들에게 한 말 즉 "어떻게 하든지 이제 하나님의 뜻 안에서 너희에게로 나아갈 좋은 길 얻기를 구하노라 내가 너희 보기를 간절히 원하는 것은 어떤 신령한 은사를 너희에게 나누어주어 너희를 견고하게 하려 함이니"(롬 1:10,11)라는 말에서 잘 드러난다.

그가 로마로 가길 원했던 것은 이기적인 목적 때문이 아니었다. 여행의 즐거움이나 아니면 다른 어떤 목적들 때문에 그가 로마 방문을 원했던 것이 아니다. 로마의 그리스도인들에게 신령한 은사를 나누어주어 그들이 견고해지고 사랑 안에서 흠이 없도록 하기 위해 그는 로마 방문을 희망했다. 그들이 그때까지 얻지 못했던 신령한 은사를 얻고, 믿음과 사랑의 기본을 잘 배우고, 그리스도인의 인격과 생활에 필요한 것들을 잘 갖추도록 하기 위해 바울은 로마 방문을 간절히 원했다.

PRAYER AND PRAYING MEN 14

1. 바울은 기도를 통하여 하나님의 놀라운 일들을 체험했다.

바울이 드로아에 머물러 밤중까지 강론을 할 때 유두고라는 청년이 창에 걸터앉아 졸다가 그만 떨어져 죽고 말았다. 이때 바울이 "생명이 그에게 있다"라고 말했는데 놀랍게도 이 청년이 살아났다. 이를 비롯하여 바울은 하나님의 능력을 구함으로써 세상이 할 수 없는 많은 일들을 행하였고, 이를 통해 하나님의 살아 계심을 증명했다.

2. 하나님께서는 우리가 기도할 때 나아가야 할 길을 보여주신다.

하나님께서 우리에게 원하시는 일이 있을 때, 그분은 그것을 기도를 통해 알려주신다. 우리가 기도에 더욱 힘쓸수록 우리의 사명을 오해할 가능성은 그만큼 줄어든다. 우리를 향한 하나님의 뜻은 기도의 응답을 통해 우리에게 알려진다. 우리가 더 깊이 더 뜨겁게 기도할수록 우리는 하나님과 더 깊은 영적 교제를 나누게 될 것이다.

3. 기도하는 일에 자신의 온 마음과 온 힘을 쏟아라.

바울은 초대교회의 신자들을 위해 주야로 간구한다고 고백했다. 기도가 없는 피상적 경건이 만연한 이 시대에 우리는 바울을 본받아 교회를 위해, 교회의 신자들을 위해 기도에 전념해야 한다. 기도는 하나님의 능력을 전부 고갈시키는 것이 아니라 오히려 하나님의 능력을 얼마든지 구해 교회를 지극히 풍성하게 만든다.

✣

우리 가운데서 역사하시는 능력대로 우리가 구하거나 생각하는 모든 것에 더 넘치도록 능히 하실 이에게
교회 안에서와 그리스도 예수 안에서 영광이 대대로 영원무궁하기를 원하노라
에베소서 3장 20, 21절

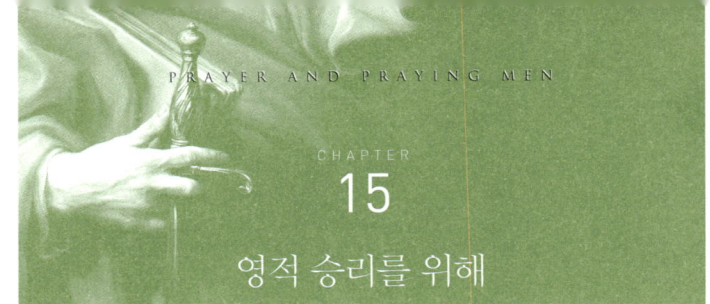

CHAPTER 15

영적 승리를 위해
기도의 용사들과 함께 싸우라

중보기도를 부탁하는 바울

바울은 그가 섬긴 사람들에게 중보기도를 여러 번 부탁했다. 이 사실은 그가 기도의 능력 중에서도 중보기도의 능력을 가장 높이 평가했다는 것을 말해준다. 바울은 기도를 많이 드렸으며, 또한 그는 기도 사역의 절박한 중요성을 다른 그리스도인들에게 일깨워주었다.

기도의 필요성을 누구보다도 깊이 느낀 바울에게 개인기도는 뿌리 깊은 습관이었다. 개인기도 습관의 중요성에 대해 잘 알고 있던 바울은 다른 사람들에게도 그 중요성에 대해 매우 강조했다. 특히 바울은 여러 기도 중에서도 중보기도, 즉 다른 사람들을 위한 기도를 매우 높이 평가했다. 그러므로 그가 교회에 편지를 쓸 때 교회의 중보기도에 의지하는 모습을 보인 것은 매우 당연한 일이었다.

바울은 편지를 보낸 교회에 예수 그리스도를 향한 그들의 모든 헌신, 이 땅에서의 하나님나라 확장에 대한 그들의 모든 관심, 그리고 그리스도를 향한 그들의 개인적 사랑과 열정을 모두 쏟아 부어 기도하라고 명했다. 바울은 그들에게 많이 기도하고, 쉬지 말고 기도하고, 항상 기도하고, 범사에 기도하고, 기도를 일과(日課)로 삼으라고 명했다. 그러면서 특히 바울은 자신을 위해 기도해달라고 부탁했다. 왜냐하면 자신의 힘든 의무와 혹독한 시련과 무거운 책임을 다 감당해내려면 그들의 기도가 절대적으로 필요하다는 사실을 잘 알았기 때문이다.

사도들 중 최고의 사도인 바울에게 기도는 절대적으로 필요한 것이었다. 바울에게는 다른 사람들의 기도가 필요했는데 그는 기도를 부탁하면서 이를 인정했다. 바울이 사도로 부름을 받았다고 해서 기도의 의무를 면제받은 것은 아니었다. 그는 자신이 기도에 의지해야 한다는 것을 깨달았고 또 인정했다. 바울은 선한 사람들의 기도를 간절히 원했고 또 높이 평가했다. 그는 도처에 있는 믿음의 형제들에게 중보기도를 부탁하는 것을 부끄러워하지 않았다.

나를 위하여 하나님께 빌어

히브리서를 쓸 때 바울은 두 가지 사실에 근거하여 중보기도를 부탁했다. 첫째는 그의 성실성이었고, 두 번째는 히브리서의 수신자들을 방문하고자 하는 그의 간절함이었다.

만일 그가 성실하지 않았다면 그들에게 중보기도를 부탁하지 못했을 것이다. 그들이 기도해준다면 바울의 방문이 훨씬 더 수월하게 이루어질 것이다. 그들이 기도하면 인간의 힘으로는 어쩔 수 없는 바람과 파도까지도 그의 방문을 도울 것이다. 기도는 모든 부차적 요인들까지도 그가 히브리 사람들을 방문할 수 있도록 만들었다. 우리가 기도할 때 하나님께서는 우리의 소원을 만족시키기 위해 그분의 능력을 서둘러 발휘하신다.

바울이 믿음의 형제들에게 그토록 자주 부탁한 것은 무엇이었는가? 그것은 '중보기도'였다. 어떤 사람이 무엇을 자주 부탁한다면, 그것을 간절히 부탁한다면, 그것은 매우 중요한 것이다. 따라서 바울이 성도들에게 중보기도를 그토록 자주 간절히 부탁했다는 것은 그가 중보기도를 그의 가장 중요한 자산(資産)들 중 하나로 간주했음을 말해준다.

"나를 위해 기도해 달라"는 그의 부탁이 그토록 간절하고 그토록 자주 있었다는 것은 그가 기도를 은혜의 방편으로 높이 평가했음을 결정적으로 증명해준다. 그에게 있어서 기도만큼 절박한 것은 없었다. 성도들의 기도만큼 그 진가를 인정받는 것은 없다. 신실한 사람들의 기도만큼 귀한 것은 없다.

바울은 기도가 사역에서 가장 중요한 요소라고 생각했다. 그가 볼 때, 그리스도인의 사역에서 가장 강력하고 광범위한 영향을 미치는 것은 기도이다. 그는 하나님의 사람들의 기도를 간절히 원했고, 그들의 기도를 최대한 확보했다. 그가 기도의 지원을 얼마나 갈망했는지를 보라! 로마서에서 그는 다음과 같이 간절히 중보기도를 원했다.

> 형제들아 내가 우리 주 예수 그리스도와 성령의 사랑으로 말미암아 너희를 권하노니 너희 기도에 나와 힘을 같이하

여 나를 위하여 하나님께 빌어 롬 15:30

　사람들이 바울을 위해 기도해주는 것은 매우 귀중한 일이었는데, 그 기도가 바울에게 큰 도움이 되었다. 기도는 큰 도움이다. 어려울 때 참된 기도만큼 도움이 되는 것은 없다. 참된 기도는 필요한 것들을 채워주고 곤경에서 우리를 건져준다. 고린도교회에 보낸 바울의 편지에 의하면, 바울은 큰 고난을 겪었지만 하나님의 도우심으로 그 고난에서 벗어났다.

　그런 체험을 한 바울은 고린도교회의 신자들에게 "너희도 우리를 위하여 간구함으로 도우라"(고후 1:11)고 말했다. 중보기도를 통해 하나님께서는 하나님의 은혜를 입을 사람들을 위해 놀라운 일들을 이루셨다! 성도가 성도를 도울 수 있는 가장 효과적인 방법은 바로 뜨거운 기도이다!

　시기의 대상이 되고 비난을 받고 거짓 형제의 위험에 처해 있을 때, 바울은 빌립보교회의 그리스도인들에게 편지를 써서 다음과 같이 말했다.

　　이것이 너희의 간구와 예수 그리스도의 성령의 도우심으

로 나를 구원에 이르게 할 줄 아는 고로 나의 간절한 기대와 소망을 따라 아무 일에든지 부끄러워하지 아니하고 지금도 전과 같이 온전히 담대하여 살든지 죽든지 내 몸에서 그리스도가 존귀하게 되게 하려 하나니 빌 1:19,20

바울이 부끄러움을 극복하고 거룩한 담대함으로 충만하여 살든지 죽든지 그리스도께 영광을 돌릴 수 있도록 만들어준 것은 바로 성도들의 중보기도였다.

중보기도의 열매

바울은 사역자로서 많은 강점을 가지고 있었다. 그의 강점들 중 주목할 만한 것은 그의 회심 사건이었다. 그 사건은 그의 인생의 획기적인 사건이었고 그의 사역을 이끌어나가는 큰 원동력이었다.

하지만 그 회심 사건 때문에 그의 사역이 큰 열매를 맺었던 것은 아니다. 그가 사도로 부름 받은 것은 부인할 수 없는 분명한 일이었다. 하지만 단지 사도로 부름을 받았다고 해서 그 사역이 큰 열매를 맺은 것은 아니다. 바울이 달려간 사명의 길을 더욱 돋보이게 만든 것은 다름 아닌 기도였다. 그의 수고가 그토록 성공할 수 있었던 것은 그가 기도했기 때문이다.

바울은 자기가 불신자들의 손에서 건짐을 받을 수 있도록 기도해달라고 로마에 있는 그리스도인들에게 간절히 부탁했다. 악한 사람들의 악의적 음모를 막아낼 수 있는 방법은 기도이다. 기도가 사람들을 움직일 수 있는데, 그것은 기도가 하나님의 마음을 움직일 수 있기 때문이다.

바울은 믿음이 없는 적들과 싸워야 했지만 그것이 싸움의 전부는 아니었다. 많은 그리스도인들도 그에 대해 편견을 갖고 있었다. 심지어 그들은 신자들을 위한 그의 사역을 받아들여야 하는지에 대해 의심을 품고 있었다. 특히 예루살렘의 그리스도인들은 그에게 심한 편견을 갖고 있었다. 뿌리 깊은 편견에 사로잡혀 분노하는 사람들의 오해를 풀어주는 방법은 바로 기도였다.

간절함과 진지함으로

바울의 안전을 위해서는 로마의 그리스도인들이 그를 위해 기도해주어야 했다. 또한 하나님의 허락하심 아래 그의 여행이 순조롭게 진행되어 그가 속히 로마로 가기 위해서라도 그들의 중보기도가 필요했다. 그가 로마로 가서 그들에게 복음을 전해주고 또 위로와 새 힘을 얻으려면 그들의 기도가 반드시 필요했다.

바울이 로마의 그리스도인들에게 기도를 부탁한 것은 여러 가지 목적을 위해서였다. 그가 중보기도를 부탁한 데에는 많은 것들이 포함되었다. 당시 로마는 세계의 중심지로 세계 지향적인 성격을 지니고 있었는데, 이와 마찬가지로 그가 부탁한 중보기도에도 세계지향적 성격이 있었다.

바울은 로마의 신자들에게 "형제들아 내가 우리 주 예수 그리스도와 성령의 사랑으로 말미암아 너희를 권하노니 너희 기도에 나와 힘을 같이하여 나를 위하여 하나님께 빌어"(롬 15:30)라고 말했다. 여기서 '권한다'라는 말에는 말로 표현하기 힘든 간절함이 담겨 있다. 바울은 자신을 대적하여 악한 계획을 세우는 사람들의 방해 때문에 자신의 사역이 지장을 받지 않도록 중보기도를 부탁했다. 또한 가난한 사람들을 위한 자신의 노력이 성도들에 의해 받아들여질 수 있도록 기도해달라고 부탁했다. 뿐만 아니라 그가 결국 기쁜 마음으로 로마에 가서 그곳의 신자들에게 위로와 새 힘을 줄 수 있도록 기도해 달라고 부탁했다.

바울의 기도 부탁에는 간절함과 진지함이 담겨 있다. 그의 호소는 매우 부드럽고 사랑으로 충만하다. "내가 우리 주 예수 그리스도로 말미암아 너희를 권하노니"(롬 15:30)라는 말에서 알 수 있듯이 그는 지극히 고상하고 감동적인 동기에서 중보기도, 즉 최고 형태의 기도를 부탁했다. 또 "내가 성령의 사랑으로 말미암아 너희를 권하노니"라는 말에서 알 수 있듯이 그는 성령을 향한 우리의 사랑, 우리를 향한 성령의 사랑, 그리고 거룩한 형제애의 유대에 근거하여 중보기도를 부탁했다.

이런 고상하고 거절하기 힘든 동기들에 근거하여 그는 로마의 형제들에게 자기를 위해 기도해달라고 부탁하면서 "형제들아 … 너희 기도에 나와 힘을 같이하여 나를 위하여 하나님께 빌어"(롬 15:30)라고 말했다. 그는 기도의 큰 싸움에 전력을 다하였는데 왜냐하면 많은 것들이 걸린 그 싸움이 엄청난 결과를 만들어낼 수 있기 때문이다. 그가 기도의 싸움을 멈출 수 없었던 또 다른 이유는 바로 그리스도께서 그 싸움에 함께하셨기 때문이다. 그에게는 도움이 필요했는데 그 도움은 오직 기도를 통해서만 주어질 수 있었다. 기도의 전쟁터의 한복판에 있던 그는 그의 형제들에게 그를 위해, 그와 함께 기도해 달라고 간곡히 부탁했던 것이다.

기도로 원수를 물리치다

기도는 그리스도의 일꾼들을 방해하는 원수들을 전부 물리칠 수 있는 힘이 있다. 선한 사람들이 잘못 생각하여 편견에 사로잡혀 있다면 그 편견의 족쇄를 깨는 것은 바로 기도이다. 예루살렘으로 가던 바울 앞에 놓여 있는 어려움이 제거되려면, 그의 사명이 성공하려면, 하나님의 뜻이 이루어지고 성도들이 유익을 얻으려면 반드시 기도가 있어야 했다. 놀라운 기도는 놀라운 결과를 만들어낸다. 강력한 기도가 만들어내는 결과는 온 세상에 영향을 미칠 수 있다.

사도들의 뒤를 이어 기독교를 이끌어간 사람들이 바울처럼 기도했다면, 모든 시대의 모든 그리스도인들이 사도들처럼 기도의 싸움에 전념했다면 어떤 결과가 일어났을까? 하나님의 교회가 지극히 거룩하고 놀라운 역사를 만들어내고 유례없는 성공을 거두었을 것이며, 교회의 천 년의 영광이 이미 오래전에 세상을 밝게 하고 세상에 복을 주었을 것이다.

강한 능력의 원동력

바울의 중보기도 부탁에서 우리는 기도의 광범위한 능력에 대해 그가 어떻게 평가했는지를 엿볼 수 있다. 부적이나 주물(呪物)의 힘 같은 능력이 기도에 있기 때문에 그가 중보기도를 부탁한 것이 아니다. 하나님께서 기도를 듣고 기도의 제목대로 이루어주시기 때문에 기도를 부탁한 것이다.

기도는 마술이 아니며 주문(呪文)도 아니다. 기도가 무적의 능력을 발휘하는 이유는 전능하신 하나님께서 기도를 듣고 응답해주시기 때문이다. 기도의 싸움에 뛰어들 때 성도들은 "내가 … 권하노니 너희 기도에 나와 힘을 같이하여 나를 위하여 하나님께 빌어"(롬 15:30)라는 바울의 말을 가슴에 새겨야 한다.

바울의 이 말은 그가 뛰어든 기도의 싸움이 얼마나 격렬한 것인지를 말해준다. 그의 싸움은 백병전(白兵戰)에 비유될 수 있을 정도로 치열한 것이었다. 그가 혼신의 힘을 다해 기도의 싸움을 싸웠지만 그래도 결과가 불확실했기 때문에 그는 성도들에게 기도의 지원을 요청했다. 기도의 전사 바울은 기도의 지원군과 하나님의 도우심을 간절히 원했다! 영적 전투의 한복판에서 선봉에 섰던 바울은 다른 사람들의 기도의 도움을 간절히 부탁했다. 그에게 정말 필요한 것은 기도의 지원군이었다. 그가 더욱 간절한 기도를 드리기 위해서라도 그에게는 기도의 도움이 필요했다.

기도를 분투라고 부르는 것은 결코 과장이 아닌데, 기도는 몸부림치며 해야 하는 것이기 때문이다. 우리가 기도를 하려고 할 때 많은 장애들과 매우 완강한 적들이 기도의 길을 가로막는다. 강력한 악의 세력이 기도의 골방을 포위한다. 최고의 무기로 무장한 악의 세력이 기도의 골방에 공격을 퍼붓는다.

기도의 전사가 되라

바울의 기도는 열의 없는 기도나 약한 기도가 아니었다. 기도의 싸움에서 승리하기 위해 그는 '어린아이의 일'(고전 13:11)을 버렸다. 기도의 전사로 우뚝 서기 위해 그는 무기력하고 생기 없는 삶을 거부했다. 그는 강력한 기도의 포문(砲門)을 열었는데 만일 그런 기도가 아니었다면 차라리 기도하지 않았을 것이다.

기도의 전쟁에서 승리를 거두려면 가장 강력한 도덕적 힘과 담대한 노력이 요구되었다. 바울의 기도는 힘을 쏟아 붓는 기도였다. 기도에는 담대함이 요구된다. 바울은 희미한 목적의식과 소심한 태도가 기도에 전혀 도움이 안 된다는 것을 잘 알았다. 그는 기도로써 원수들을 찾아내어 내쫓고, 그들이 점령했던 땅을 되찾아야 한다는 것을 잘 알았다.

기도의 전쟁터에 나가는 영적 병사들에게는 무너지지 않는 불굴의 담대함과 병사로서의 최고 자질이 요구된다. 영적 전쟁이 불같이 일어날 때 최고 사령관은 나팔을 불어 병사들에게 뜨거운 기도를 끈질기게 드리라고 독려하신다.

PRAYER AND PRAYING MEN 15

1. 하나님의 능력을 믿는 기도의 사람들에게 중보기도를 부탁하라.

바울은 당시의 그리스도인들에게 쉬지 말고 기도하고, 항상 기도하고, 범사에 기도하고, 기도를 일과로 삼으라고 명했다. 그러면서 특히 바울은 자신을 위해 기도하라고 부탁했다. 바울은 자신의 힘든 의무와 혹독한 시련과 무거운 책임을 다 감당해내려면 그들의 기도가 절대적으로 필요하다는 사실을 잘 알고 있었다.

2. 기도에는 편견의 족쇄를 깨뜨리고 오해를 풀어주는 힘이 있다.

선한 사람들이 잘못 생각하여 편견에 사로잡혀 있다면 그 편견의 족쇄를 깨는 것은 바로 기도이다. 당시 많은 그리스도인들은 바울에 대한 심한 편견을 가지고 있었다. 뿌리 깊은 편견에 사로잡혀 분노하는 사람들의 오해를 풀어주는 방법은 기도밖에 없었고, 바울은 이를 위해 간절히 기도하고 또 다른 사람들에게 기도를 부탁했다.

3. 영적 승리를 위해 기도의 전사들에게 도움을 요청하라.

바울은 혼신의 힘을 다해 기도의 싸움을 싸웠을 뿐 아니라 성도들에게 기도의 지원을 요청했다. 영적 전투의 한복판에서 선봉에 섰던 바울은 다른 사람들의 기도를 절실히 필요로 했다. 영적 전쟁이 불같이 일어날 때 우리의 최고 사령관은 나팔을 불어 병사들에게 뜨거운 기도를 끈질기게 드리라고 독려하신다.

✤

내가 우리 주 예수 그리스도와 성령의 사랑으로 말미암아 너희를 권하노니
너희 기도에 나와 힘을 같이하여 나를 위하여 하나님께 빌어

로마서 15장 30절

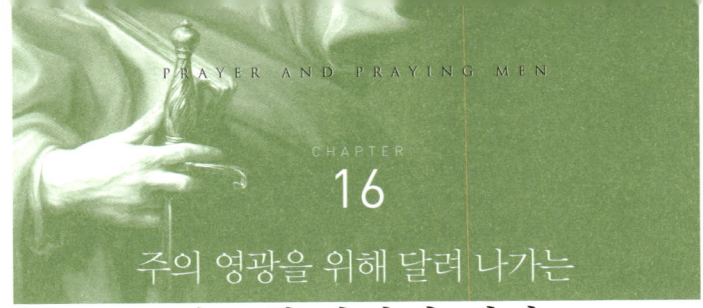

주의 영광을 위해 달려 나가는
기도의 강자가 되라

나를 위하여 구할 것은

바울은 에베소교회에 중보기도를 부탁했는데 이것에 대한 기록이 에베소서 6장에 나온다.

> 모든 기도와 간구를 하되 항상 성령 안에서 기도하고 이를 위하여 깨어 구하기를 항상 힘쓰며 여러 성도를 위하여 구하라 또 나를 위하여 구할 것은 내게 말씀을 주사 나로 입을 열어 복음의 비밀을 담대히 알리게 하옵소서 할 것이니 이 일을 위하여 내가 쇠사슬에 매인 사신이 된 것은 나로 이 일에 당연히 할 말을 담대히 하게 하려 하심이라 엡 6:18-20

에베소교회를 위해 바울은 겸손한 마음으로 깨어서 눈물로 밤낮 기도에 힘썼다. 원수들에게 둘러싸여 싸우는 그리스도의 병사의 모습을 에베소교회의 신자들에게 생생히 그려주면서 그는 특별히 자기를 위해 기도해달라고 부탁했다.

에베소교회의 교인들에게 바울은 기도의 필요성과 본질과 특별한 유익들에 대해 종합적으로 설명했다. 그의 말에 의하면, 기도는 때와 장소를 가리지 않고 언제 어디에서나 절실히 필요한 것이다. 기도할 때 그리스도인은 아주 간절히 해야 하고, 성령 안에서 해야 하고, 깨어서 인내심을 갖고 해야 하고, 믿음의 가족, 즉 성도들을 위해서 해야 한다.

바울은 에베소교회의 신자들에게 특별히 자신을 위해 기도해달라고 부탁했다. 다시 말해서, 자신이 막힘이나 주저함 없이 담대히 복음을 전할 수 있도록 기도해달라고 부탁했다. 바울은 그의 타고난 재능을 의지하지 않았고, 기도의 응답으로 주어지는 능력을 의지했다. 그는 자신이 복음을 전할 때 소심해지거나 무기력해지거나 말을 더듬을까봐 두려워했다. 그렇기 때문에 그는 자신이 담대히 복음을 전할 수 있도록 기도해달라고 에베소교회의 신자들에게 부탁한 것이다. 담대히 복음을 전한다는 것은 분명히 전하는 것을 의미할 뿐만 아니라 막힘없이 온전히 전하는 것을 의미한다.

바울은 그가 담대해질 수 있도록 에베소의 그리스도인들이 중보기도를 해주길 원했다. 설교자에게 가장 요구되는 자질은 담대함인 것 같다. 담대함은 결과에 개의치 않고 여유롭게 위기에 대처하면서 현재의 위험에 맞서 자신의 현재 의무를 착실히 수행하는 긍정적 자질이다. 사도들과 그들의 말씀 선포에서는 그런 담대함이 두드러지게 나타났다. 그들은 담대한 사람들이요, 담대한 설교자들이었다. 담대함을 발휘하여 거침없이 복음을 선포했을 때, 그들은 거의 예외 없이 고난을 당했다. 그런 고난은 그들의 믿음의 영광이었다.

진정한 담대함을 구하라

설교자를 옭아매는 사슬들이 많이 있다. 마음이 여린 설교자는 심약해지기 쉽다. 교인들에게 집착하는 설교자는 그들에 의해 좌지우지되기 쉽다. 설교자가 교인들과 맺을 수 있는 개인적 관계, 교인들에 대한 의무, 그리고 그들을 향한 애정이 때로는 그를 옭아매어 설교단에서의 말씀 선포를 제약할 수 있다. 따라서 설교자가 마땅히 전해야 할 말씀을 담대히 전하기 위해서는 끊임없는 기도가 요구된다.

과거 하나님께서는 선지자들에게 사람들의 얼굴을 두려워하지 말라고 명령하셨다. 그들은 사람들이 보일 수 있는 불쾌한 반응을 두려워하지 말고 변명이나 소심함이나 주저함이나 타협 없이 하나님의 진리를 선포해야 했다. 확신과 성실함에서 나오는 거침없는 열정, 확고한 신앙에서 나오는 흔들림 없는 마음, 그리고 무엇보다도 성령의 능력이야말로 담대함의 요소들이다. 이 시대 복음의 일꾼들은 이런 것들을 간절히 원하고 소유해야 한다.

온유와 겸손은 설교자에게 필요한 중요한 덕목이다. 이 온유와 겸손은 설교자의 담대함을 막지 않는다. 거침없이 자기의 이야기를 많이 하는 것이 담대함은 아니다. 잔소리를 늘어놓거나 성급한 것이 담대함은 아니다. 담대함은 사랑 가운데 진리를 말한다. 무례함이 담대함은 아니다. 거칠게 행동하는 것은 담대함을 욕되게 한다.

담대함은 아기를 안은 여자처럼 부드럽고, 적을 만난 사자처럼 용맹스럽다. 두려움이 순진하고 온건한 소심함의 형태로 나타나거나 겁쟁이의 돌발적인 범죄의 형태로 나타날 수도 있지만, 그런 소심함이나 범죄는 올바른 사역에 도움이 안 된다. 겸손하면서도 거룩한 담대함으로 충만한 것이 사역에는 지극히 중요하다.

선을 이루시는 분

그렇다면 복음의 진리를 선포한 사도 바울의 입술에 담대함을 더해준 신비로운 힘은 무엇인가? 대답은 딱 하나이다. 바로 기도가 그런 힘을 주었다! 악한 것을 완전히 제압하여 그것을 오히려 선으로 바꿀 수 있는 힘은 무엇인가? 이에 대한 대답을 우리는 바울의 말에서 찾을 수 있다. 자신을 위한 기도에 대해 그는 다음과 같이 말했다.

> 그가 이같이 큰 사망에서 우리를 건지셨고 또 건지실 것이며 이후에도 건지시기를 그에게 바라노라 너희도 우리를 위하여 간구함으로 도우라 고후 1:10,11

> 그러면 무엇이냐 겉치레로 하나 참으로 하나 무슨 방도로

하든지 전파되는 것은 그리스도니 이로써 나는 기뻐하고
또한 기뻐하리라 빌 1:18

우리는 하나님의 약속들이 기도를 통해 개인에게 적용되고 실현되는 것을 볼 수 있다. "하나님을 사랑하는 자 곧 그의 뜻대로 부르심을 입은 자들에게는 모든 것이 합력하여 선을 이루느니라"(롬 8:28)라는 말씀은 보석같이 아름다운 하나님의 약속이다. 그런데 바울은 하나님을 사랑했지만 이 약속이 저절로 이루어질 것이라고 생각하지는 않았다. 그래서 그는 고린도교회의 신자들에게 "내가 곤경에 처해 있다. 나는 하나님께서 나를 구해주실 것이라고 믿는다. 너희도 나를 위하여 간구함으로 도우라"라고 말했다. 그들이 기도하면 하나님께서 "하나님을 사랑하는 자에게는 모든 것이 합력하여 선을 이루느니라"(롬 8:15)라는 약속이 풍성히 이루어지도록 만들어주실 것이기 때문에 기도는 곧 바울을 돕는 것이었다.

바울의 중보기도 부탁에는 물론 '모든 성도들을 위한 간구'가 포함되어 있었다. 하지만 특별히 그는 자신이 담대해질 수 있도록 기도해달라고 부탁했다. 그에게는 정말로 담대함이 필요했다! 그런데 담대함이 필요한 사람이 사도 바울뿐이겠는가? 하나님께 부름받은 진실한 설교자들에게도 모두 담대함이 필요하다. 기도는 바울이 사역할 수 있도록 문을 열어놓았을 뿐만 아니라 또한 그의 입술을 열어주었다. 기도가 있었기 때문에 그는 사도로 전해야 할 메시지를 담대하게 또 진실하게 전할 수 있었다. 그가 골로새교회에 한 말을 들어보자.

> 또한 우리를 위하여 기도하되 하나님이 전도할 문을 우리에게 열어주사 그리스도의 비밀을 말하게 하시기를 구하라 내가 이 일 때문에 매임을 당하였노라 그리하면 내가 마땅히 할 말로서 이 비밀을 나타내리라 골 4:3,4

설교자를 위해 중보하라

오늘날 설교자들이 교인들에게 이와 같이 중보기도를 부탁하는 것은 지극히 당연한 일이다! 바울이 그 자신에게 꼭 필요하다고 느낀 것들이 오늘날의 설교자들에게도 꼭 필요하다!

에베소교회의 신자들에게 부탁했던 경우와 마찬가지로, 바울은 골로새의 신자들에게도 '전도의 문'이 열리도록 기도해달라고 부탁했다. 그가 그런 기도를 부탁한 이유는 성령의 자유함 가운데 말씀을 전하고, 좁은 사고에서 벗어나고, 전도를 방해하는 세력을 이기기 위함이었다. 더욱이 그는 가장 명료한 표현으로, 사고의 혼란 없이, 힘 있는 말로 복음을 전할 수 있기를 원했다. 그렇게 복음을 전하는 것이 그에게 마땅한 일이었다.

그런데 그것이 어디 바울뿐이겠는가? 그것은 오늘날의 설교자들에게도 마땅한 일이다! 설교자가 그렇게 복음을 전할 수 있도록 교인들이 그를 위해 기도해준다면 그런 설교자는 정말로 복된 사람이다! 복음을 명료하고 힘 있게 효과적으로 전해야 하는 사명을 능히 감당하려면 교인들의 기도 지원이 절실히 필요하다는 것을 깨달은 설교자가 있는가? 그런 설교자가 실제로 교인들에게 기도 지원을 요청했다면 그 설교자는 더욱더 복된 사람이다!

고난이 축복으로

기도는 시련과 고난과 악의적 방해를 오히려 복으로 바꾸어 놓는다. 기도는 그런 것들이 결국에는 합력하여 선을 이루도록 만든다. 바울은 "이것이 너희의 간구와 예수 그리스도의 성령의 도우심으로 나를 구원에 이르게 할 줄 아는 고로"(빌 1:19)라고 말했다.

오늘날도 설교자들에게 닥치는 시련과 고난과 악의적 방해가 기도를 통해 결국에는 은혜로운 복으로 바뀔 수 있다. 이런 기도의 능력을 잘 알았기 때문에 바울은 "너희도 우리를 위하여 간구함으로 도우라"(고후 1:11)라고 말했던 것이다. 경건한 성도들의 기도는 사도들의 복음 선포에 큰 도움이 되었고, 그들을 혹독한 고난에서 여러 번 구해주었다. 그런 기도가 오늘날도 드려진다면 목회자들이 두려움 없이 담대하게 말씀을 선포하여 사도들처럼 풍성한 열매를 거두게 될 것이다.

교인들이 설교자를 위해 드리는 기도는 설교자 자신이 드리는 기도만큼 효과가 있다. 성공적인 설교자가 되려는 사람의 생활과 사역에는 언제나 두 가지 기도가 있어야 한다. 하나는 그가 교인들을 위해서 드리는 기도이고, 다른 하나는 교인들이 그를 위해 드리는 기도이다. 설교자와 교인들은 서로를 위해 뜨겁게 간절히 끈질기게 기도해야 한다. 스스로 기도하면서 동시에 교인들의 기도 지원을 받는 설교자는 복된 설교자이다. 스스로 기도하면서 동시에 설교자의 기도 지원을 받는 교인들도 복된 교인들이다.

거침없이 달려서

데살로니가교회에 보낸 바울의 편지에는 명료하고 단호하고 절박하고 강렬한 기도 요청이 담겨 있다. 그가 어떻게 기도 부탁을 했는지 읽어보자.

> 끝으로 형제들아 너희는 우리를 위하여 기도하기를 주의 말씀이 너희 가운데서와 같이 '거침없이 달려서' 영광스럽게 되고 또한 우리를 부당하고 악한 사람들에게서 건지시옵소서 하라 ('거침없이 달려서'가 한글 개역개정성경에서는 '퍼져 나가'로 표현되어 있다 - 역자 주) 살후 3:1,2.

바울은 운동선수가 목표를 향해 온 힘을 다해 달리는 경주를 염두에 두고 말했다. 운동선수가 결국 승리하여 상을 얻으려면 목표 달성을 방해하는 것들이 반드시 제거되어야 한다. 바울이 전한 주(主)의 말씀은 운동선수에 비유될 수 있다.

다시 말해서, 운동선수로 의인화(擬人化)될 수 있다. 주의 말씀이 달릴 때 거기에는 방해세력이 나타나기 마련이다. 그러나 주의 말씀이 목표에 도달하여 승리하려면 모든 방해세력을 제거하고 거침없이 달려야 한다. 주의 말씀이 거침없이 달려서 영광스럽게 되는 것을 방해하는 것들이 설교자 자신, 그가 섬기는 교회, 그리고 그들 주변의 죄인들에게서 발견될 수 있다.

어떻게 해야 주의 말씀이 끝까지 달려서 영광을 얻을 수 있을까? 주의 말씀이 그것을 듣는 사람들의 생각과 마음에 도달해야 한다. 죄인들이 자기들의 죄를 깨달아야 한다. 하나님의 말씀이 무엇을 요구하는지에 대해 죄인들이 진지하게 생각해야 한다. 그들이 권유를 받아 스스로 기도하며 하나님께 용서를 구해야 한다. 성도들이 경건생활에 대해 가르침을 잘 받아야 한다. 그들의 교리와 생활에서 발견되는 오류와 잘못이 시정되어야 한다. 그들이 인도를 잘 받아 더욱 고상한 것들을 추구하고 더욱 깊은 경건생활을 위해 기도해야 한다.

오직 하나님께 영광을

그런데 우리가 조심해야 할 것이 있다. 주의 말씀이 놀라운 성공을 거두었기 때문에 설교자가 영광을 받는다면 그것은 주의 말씀이 영광을 받은 것이 아니다. 설교자의 탁월한 설교와 유창한 달변과 뛰어난 재능 때문에 사람들이 온통 그에게 관심을 쏟는다면 그것은 주의 말씀이 영광을 받은 것이 아니다. 사람들이 설교자를 위해 많이 기도해준다 할지라도 설교자가 영광을 받아서는 안 된다. 그는 결국 뒤로 감추어져야 한다.

주의 말씀이 거침없이 달려서 영광을 얻으려면 기도가 있어야 한다. 그렇기 때문에 바울은 그리스도인들에게 자기를 위해 기도해달라고 간곡히 부탁한 것이다. 그런데 그의 기도 부탁은 그 자신의 개인적 신앙을 풍성하게 하기 위한 것이라기보다는 복음을 전하는 일꾼의 사명을 더욱 잘 감당하기 위한 것이었다. 물론, 그의 개인적 신앙을 위해서도 기도가 필요한 것은 사실이다.

그가 복음을 전할 때 그의 혀와 입술에 막힘이 없어야 하고 그의 마음이 열려야 했다. 그의 신앙과 삶에 기도가 반드시 필요했는데, 그것은 기도가 그의 구원을 이루도록 도움을 주기 위함보다는 그의 올바른 삶을 통해 주의 말씀이 더욱 잘 달릴 수 있기 때문이었다. 그가 올바로 살면 그가 전한 주의 말씀이 방해를 받지 않을 것이었다. 그는 자기가 전한 복음이 자기 때문에 방해받는 것을 원하지 않았다. 그래서 바울은 그가 섬기는 교회들에게서 모든 방해물들이 제거되기를 원했다. 그렇게 될 때 교인들이 주의 말씀을 가로막거나 억누르지 않을 것이고, 결국 주의 말씀이 끝까지 달려서 그것의 목적지, 즉 사람들의 생각과 마음속에 도달할 것이었다.

더욱이 바울은 구원받지 못한 사람들에게서 발견되는 방해물들이 제거되기를 원했는데, 그 이유는 그가 전한 주의 말씀이 그들의 마음에 도달하여 구원의 열매를 맺고 영광을 받도록 하기 위함이었다.

이런 모든 사실을 잘 알았던 바울은 데살로니가교회의 신자들에게 시급히 기도 요청을 했다. 참된 그리스도인들의 기도를 통해 주의 말씀이 더욱 잘 달릴 수 있었기 때문이다. 이런 모든 사실에 눈을 뜬 설교자는 지혜로운 사람이다. 교인들의 중보기도가 설교의 결과를 크게 좌우한다는 것을 깨달은 설교자는 지혜로운 사람이다. 지금 우리에게 절실히 필요한 교회는 어떤 교회인가? 그것은 전파된 말씀을 마음에 품고 설교자를 위해 기도하는 교인들이 많은 교회이다! 그런 교회에서는 주의 말씀이 거침없이 달려서 영광스럽게 된다!

우리를 안전케 하는 보호기도

데살로니가후서 3장 1,2절에 나오는 바울의 중보기도 부탁에서 우리가 또 주목해야 할 부분은 "또한 우리를 부당하고 악한 사람들에게서 건지시옵소서 하라"(살후 3:2)라는 표현이다. 부당하고 악한 사람들이 주의 말씀을 방해한다. 거의 모든 설교자들이 그런 사람들에게 괴롭힘을 당하기 때문에 기도의 지원을 필요로 한다. 기도는 설교자들이 그런 사람들에게서 벗어나도록 돕는다. 바울도 그런 사람들에게 괴롭힘을 당했다. 그렇기 때문에 그는 자기가 그런 사람들로부터 벗어날 수 있도록 기도해달라고 부탁한 것이다.

요컨대 바울은, 주의 말씀이 거침없이 달려서 많은 사람들이 구원에 이르려면 신자들의 기도가 반드시 필요하다고 느꼈다. 만일 신자들이 기도하지 않으면 주의 말씀의 영향력과 영광이 크게 제한된다는 것이 그의 생각이었다. 부당하고 악한 사람들로부터 벗어나 안전한 상태에서 복음을 전하기 위해서는 기도가 반드시 필요하다는 것이 그의 주장이었다. 성도들의 기도는 그의 복음전파에 크게 도움을 줄 뿐만 아니라 그를 부당하고 악한 사람들로부터 보호해줄 수 있었다.

히브리서 13장 18절에서 바울은 히브리 그리스도인들에게 기도 부탁을 하면서 그의 생각을 그들에게 털어놓았다.

> 우리를 위하여 기도하라 우리가 모든 일에 선하게 행하려 하므로 우리에게 선한 양심이 있는 줄을 확신하노니
> 히 13:18

이 말에서 바울은 자기가 선한 양심을 가지고 선하게 살려고 한다는 것을 밝혔다. 선한 양심과 선하게 살려는 의지는 그리스도인으로서 그의 인격의 한 가지 기초였다. 그는 자기가 비난 받을 이유가 없다고 믿었다. "우리를 위하여 기도하라"라는 그의 말 속에는 "우리를 위하여 기도하라. 그러면 내가 선한 양심을 갖고 기도의 열매를 선하게 사용하는 것을 보게

될 것이다"라는 뜻이 담겨 있다.

바울이 히브리 그리스도인들에게 이렇게 기도 부탁을 한 이유는 그들로 하여금 더욱 열심히, 더욱 뜨겁게, 더욱 시급히 기도하도록 자극을 주기 위함이었다. 그들의 기도는 바울이 그들을 방문하는 일에 영향을 줄 것이 뻔했다. 그들이 기도하면 그가 더욱 빨리 그들에게 가서 더욱 풍성한 유익을 나누어 주는 일이 가능할 것이었다.

기도로 열어라

빌레몬은 바울이 흉금을 터놓고 말할 수 있는 아주 친한 친구였다. 바울은 장차 빌레몬에게 갈 수 있길 간절히 원하고 기대했다. 그에게 편지를 쓰면서 바울은 자기가 여건이 허락하면 그를 방문할 것이라고 암시했다. 바울은 그가 당연히 기도하고 있을 것이라고 생각했는데, 바울의 사역을 통해 회심한 그가 바울에게서 기도의 교훈을 배웠을 것이기 때문이다.

또한 바울은 기도를 통해 방해물이 제거되고 자기와 빌레몬이 은혜 가운데 다시 만나게 될 것이라고 생각했다. 그리하여 바울은 "너는 나를 위하여 숙소를 마련하라"(몬 1:22)라고 말하면서 "너희 기도로 내가 너희에게 나아갈 수 있기를 바라노라"(몬 1:22)라고 덧붙였다. 바울은 자기가 가는 길이 형제들의 기도에 따라 막힐 수도 있고 열릴 수도 있다고 생각했던 것이다.

PRAYER AND PRAYING MEN 16

1. 하나님은 진정한 담대함을 지닌 기도의 강자를 찾으신다.

우리는 사람들이 보일 수 있는 불쾌한 반응을 두려워하지 말고 변명이나 소심함이나 주저함이나 타협 없이 하나님의 진리를 선포해야 한다. 확신과 성실함에서 나오는 거침없는 열정, 확고한 신앙에서 나오는 흔들림 없는 마음, 그리고 무엇보다도 성령의 능력이야말로 진정한 담대함의 요소들이다. 이 시대 복음의 일꾼들은 이런 것들을 간절히 원하고 소유해야 한다.

2. 기도에는 고난을 복으로 바꾸는 위대한 능력이 있다.

기도는 시련과 고난과 악의적인 방해를 오히려 복으로 바꾸어놓는다. 기도는 그런 것들이 결국 합력하여 선을 이루도록 만든다. 오늘날 우리에게 닥치는 고난도 기도를 통해 결국에는 은혜로운 복으로 바뀔 수 있다. 바울은 이런 기도의 능력을 잘 알았기 때문에 "너희도 우리를 위하여 간구함으로 도우라"라고 말했던 것이다.

3. 우리가 기도할 때 주의 말씀이 거침없이 달려서 영광스럽게 된다.

주의 말씀이 거침없이 달려서 영광을 얻으려면 기도가 필요하다. 참된 기도를 통해 주의 말씀이 더욱 잘 달릴 수 있기 때문이다. 우리에게는 교인들의 중보기도가 설교의 결과를 크게 좌우한다는 것을 깨닫는 지혜가 필요하다. 지금 우리에게 절실히 필요한 교회는 전파된 말씀을 마음에 품고 설교자를 위해 기도하는 교인들이 많은 교회이다. 그런 교회에서는 주의 말씀이 거침없이 달려서 영광스럽게 된다.

모든 기도와 간구를 하되 항상 성령 안에서 기도하고
이를 위하여 깨어 구하기를 항상 힘쓰며 여러 성도를 위하여 구하라
에베소서 6장 18절

기도의 강자

초판 1쇄 발행	2013년 8월 9일
초판 2쇄 발행	2022년 9월 23일

지은이	E. M. 바운즈		
옮긴이	이용복		
펴낸이	여진구		
편집	이영주 정선경 최현수 안수경 김도연 김아진 정아혜		
디자인	마영애 노지현 조은혜		
홍보·외서	진효지		
마케팅	김상순 강성민 허병용	마케팅지원	최영배 정나영
제작	조영석 정도봉	경영지원	김혜경 김경희 이지수

303비전성경암송학교 유니게과정 박정숙 최경식
이슬비전도학교 / 303비전성경암송학교 / 303비전꿈나무장학회

펴낸곳	규장

주소 06770 서울시 서초구 매헌로 16길 20(양재2동) 규장선교센터
전화 02)578-0003   팩스 02)578-7332
이메일 kyujang0691@gmail.com   홈페이지 www.kyujang.com
페이스북 facebook.com/kyujangbook   인스타그램 instagram.com/kyujang_com
카카오스토리 story.kakao.com/kyujangbook
등록일 1978.8.14. 제1-22

ⓒ 한국어 판권은 규장에 있습니다.
이 출판물은 저작권법에 의해 보호를 받는 저작물이므로 무단 전재와 무단 복제를 할 수 없습니다.

책값 뒤표지에 있습니다.
ISBN 978-89-6097-313-8 03230

규 | 장 | 수 | 칙

1. 기도로 기획하고 기도로 제작한다.
2. 오직 그리스도의 성품을 사모하는 독자가 원하고 필요로 하는 책만을 출판한다.
3. 한 활자 한 문장에 온 정성을 쏟는다.
4. 성실과 정확을 생명으로 삼고 일한다.
5. 긍정적이며 적극적인 신앙과 신행일치에의 안내자의 사명을 다한다.
6. 충고와 조언을 항상 감사로 경청한다.
7. 지상목표는 문서선교에 있다.

하나님을 사랑하는 자 곧 그 뜻대로 부르심을 입은 자들에게는 모든 것이 合力하여 善을 이루느니라(롬 8:28)

 | Member of the Evangelical Christian Publishers Association | 규장은 문서를 통해 복음전파와 신앙교육에 주력하는 국제적 출판사들의 협의체인 복음주의출판협회(E.C.P.A:Evangelical Christian Publishers Association)의 출판정신에 동참하는 회원(Associate Member)입니다.